Franck Cazenave

LA ROBOMOBILE

Un nouveau droit à la mobilité durable et solidaire

Descartes & Cie

Sommaire

II. UN NOUVEAU DROIT À LA MOBILITÉ, DURABLE ET SOLIDAIRE

CONCLUSION GÉNÉRALE

Hommage

Cet ouvrage a été inspiré par mes entretiens avec deux amis, aujourd'hui disparus. Je tiens particulièrement à leur rendre hommage.

Pierre Guyard

Chevalier de la Légion d'honneur, chevalier de l'Ordre national du mérite, chevalier des palmes académiques et chevalier du mérite agricole, Pierre a inventé la collaboration en milieu rural, en créant le Syndicat d'études et de programmation en 1982. Quelques années plus tard, il fonde la Communauté de communes du Plateau Picard, dont il assure la présidence. Il se révèle un pionnier de la collaboration intercommunale. Ensuite, il est appelé à occuper les fonctions de directeur des transports, puis de directeur général adjoint des services de la région Picardie.

Il m'a transmis l'amour de son territoire, des clés pour comprendre la ruralité et une vision unique du développement rural.

Philippe Rémond

Philippe a occupé de nombreuses fonctions managériales au sein du groupe Bosch. J'ai fait sa connaissance en 2010, alors qu'il était en charge de l'innovation pour le compte client Renault-Nissan.

Toujours à l'affût des besoins des clients et des nouvelles idées pour y répondre, nous avons eu de nombreux échanges au cours de la dernière décennie. Il a nourri ma curiosité et mon ouverture d'esprit. Nous avions discuté de cet ouvrage dès les premières lignes…

Pierre et Philippe nous ont quittés trop tôt, autour de la soixantaine. Ils avaient tant à transmettre aux plus jeunes… Mon chemin de vie s'est mêlé aux leurs, et ce fut un privilège.

« Pour ce qui est de l'avenir, il ne s'agit pas de le prévoir,
mais de le rendre possible. »

Antoine de Saint-Exupéry, *Citadelle*, 1948

Introduction générale

À propos du XXe siècle, en 1971, l'écrivain anglais de science-fiction et d'anticipation sociologique James Graham Ballard affirmait que « si on me demandait de condenser l'intégralité de ce siècle en une seule image mentale, je choisirais une scène familière de la vie de tous les jours : un homme au volant de sa voiture, qui roule sur une autoroute bétonnée vers une destination inconnue[1] ». Il ajoutait qu'en l'espace d'un siècle, l'automobile a colonisé notre paysage mental et modifié le paysage physique, avec des effets secondaires toxiques comme le trafic routier et la pollution. En ce début de XXIe siècle, James Graham Ballard ne choisirait certainement pas cette image mentale. Il préférerait, sans doute, l'image d'un couple, plutôt jeune, au restaurant, chacun la tête baissée sur son smartphone, les doigts en train de taper frénétiquement sur un clavier virtuel, sans échanger ni parole ni regard l'un envers l'autre.

Le numérique est désormais partout dans nos vies. Même nos voitures entrent complètement dans cette révolution industrielle et technologique. Au XXe siècle, les constructeurs automobiles ont ajouté, petit à petit, de l'intelligence artificielle sur une architecture mécanique et analogique. Au XXIe siècle, la fusion est totale entre le numérique et les voitures. Ainsi,

1. J. G. Ballard, cité par Robert Moor, « What Happens to American Myth When You Take the Driver Out of It ? », *New York Magazine*, 16 octobre 2016 : nymag.com/selectall/2016/10/is-the-self-driving-car-un-american.html ; traduit en français sous le titre « La revolution des transports », *Courrier International*, n° 1370, 2 février 2017.

les réseaux de communication des voitures reprennent les standards des ordinateurs, comme Ethernet[2] et Internet, et abandonnent leur protocole spécifique. L'électricité devient l'énergie motrice du véhicule, d'une part, et, d'autre part, l'énergie « nourricière » des ordinateurs et réseaux de communication embarqués. Enfin, les véhicules comprennent l'environnement extérieur grâce à des capteurs installés tout autour de la carrosserie et dialoguent avec lui, grâce à une connexion Internet. Le temps où la voiture répondait seulement aux injonctions du conducteur est déjà révolu en Europe, avec des dispositifs autonomes dans leurs actions, présents obligatoirement[3].

Depuis plusieurs décennies, la voiture peut se substituer au conducteur dans certaines situations. Cependant, le rêve de voir un véhicule se conduire, sans aucune intervention humaine, n'est entrevu que depuis une dizaine d'années. À ce stade, il faut initier une précision lexicale. Le terme de « voiture autonome » a été utilisé, quel que soit le degré d'intervention d'un conducteur humain. L'autonomie permet l'indépendance… Par conséquent, un véhicule se conduisant sans aucune intervention humaine représente le seul cas d'autonomie. Cependant, cette acception a été dévoyée pour recouvrir différents stades d'automatisation de la conduite où, dans certains cas, le conducteur doit encore assurer la conduite du véhicule. À ce terme, je lui préfère celui de « robomobile[4] ».

---

2. Ethernet est un protocole de réseau local à commutation de paquets. Le nom Ethernet est issu, d'une part, de l'éther, milieu hypothétique censé baigner l'Univers. Quant au suffixe -net, il s'agit de l'abréviation du mot network, qui signifie « réseau » en anglais.
3. Le contrôle électronique de trajectoire est obligatoire dans l'Union européenne, depuis le 1er janvier 2014. Il permet au véhicule d'éviter de déraper. Ensuite, le système d'appel d'urgence « eCall » est obligatoire depuis le 31 mars 2018. Il permet à un véhicule accidenté d'appeler instantanément les services d'urgence et d'envoyer sa position précise, que les occupants soient conscients ou non.
4. J'ai utilisé ce terme de « robomobile » pour la première fois publiquement, lors de ma conférence « Mobilités connectées et société : où va-t-on ? » au CCFA,

L'évolution du monde peut donner le vertige, pourtant c'est bien une réalité ! La cadence fébrile du monde moderne peut devenir anxiogène. La peur de ne plus suivre le rythme s'installe. Pour certains, tout s'accélère[5]. Et pour Herbert Diess, patron de Volkswagen, « la conduite autonome va changer notre industrie comme rien d'autre auparavant[6] ». Alors, donnons-nous la possibilité de faire un pas de côté, et de comprendre les dynamiques de ce nouveau monde. Car nous avons l'opportunité d'utiliser le progrès technologique pour créer un nouveau droit à la mobilité, à la fois durable et solidaire.

Alors que les interdictions à l'utilisation de la voiture, partielle ou totale, pleuvent de la part de différentes autorités, Commission européenne, Parlement français, métropoles et villes, il est possible d'écrire un nouveau droit à la mobilité, grâce à la robomobile. La propriété individuelle d'une voiture a été le modèle structurant de transport pour répondre aux besoins de la population. Cette liberté a un prix : le taux d'utilisation journalier d'un véhicule est en moyenne de 10 %. Nous possédons un objet de liberté individuelle dont les libertés de circuler seront de plus en plus réduites. Les « Gilets jaunes » ont souffert de l'augmentation du prix des carburants à des montants dépassant 1,50 euro le litre, et du rattrapage du prix du diesel sur celui de l'essence. Est-ce que les Français, et plus généralement les Européens, accepteront l'interdiction de circuler avec un véhicule payé par leur labeur et qui, au moment de son achat, était autorisé à circuler par les pouvoirs publics ?

---

le 15 juin 2015 : www.unionroutiere.fr/wp-content/uploads/2015/06/S-2-1-Pr %C3 %A9sentation-Franck-Cazenave.pdf

5. Gilles Vernet, *Tout s'accélère*, film, La Clairière Production, 2016 ; toutsaccelere.com/

6. Simon Chodorge, « Comment Volkswagen veut assurer sa rentabilité dans les nouvelles mobilités », *L'Usine nouvelle*, 7 septembre 2021 : www.usinenouvelle.com/article/comment-volkswagen-veut-assurer-sa-rentabilite-dans-les-nouvelles-mobilites.N1138048

La lutte contre le réchauffement climatique est une priorité pour tous. Toutefois, elle ne peut uniquement s'incarner dans une interdiction pure et simple de circuler. Une voie complémentaire et alternative est possible, avec l'intégration de la robomobile dans l'offre de transports publics. Son cousin, le robotrain, est une nouvelle solution pour les petites et moyennes lignes ferrées, dont l'exploitation est abandonnée ou réduite. Nous ne pourrons relever les défis du changement climatique, du pouvoir d'achat et du besoin de mobilité des individus seulement par des interdictions. Nous devons bâtir une société des possibles. Nous devons rendre la mobilité encore plus accessible à tous : mineurs, personnes âgées, personnes à mobilité réduite, ruraux, citadins et tous les adultes qui le souhaitent. « Pour ce qui est de l'avenir, il ne s'agit pas de le prévoir, mais de le rendre possible », selon Antoine de Saint-Exupéry[7]. Un des objectifs de ce livre est bien de contribuer à tracer les moyens d'une mobilité inclusive.

Mais, comme disait Marie Curie, « dans la vie, rien n'est à craindre, tout est à comprendre[8] ». Pour appréhender les enjeux, cet ouvrage est divisé en deux parties. La première permettra au lecteur de comprendre l'évolution de l'automatisation de l'automobile jusqu'au remplacement du conducteur. Le fonctionnement de la robomobile sera expliqué pour cerner des enjeux sur le véhicule et les acteurs de cette révolution. En outre, il est nécessaire de questionner l'utilisation des données captées par ces nouveaux véhicules, à la fois sur l'environnement extérieur et sur les utilisateurs. Enfin, la robotisation de différents moyens de transport pose des questions éthiques. Notre société doit légitimement définir les limites à ces véhicules, basées sur nos valeurs. Nous devons également penser au-delà

7. Antoine de de Saint-Exupéry, *Citadelle*, Paris, Gallimard, 1948
8. Ève Curie, *Madame Curie*, Paris, Gallimard, 1938.

des aspects technologiques pour définir la place de l'homme, dans l'ère des machines autonomes et de l'intelligence artificielle.

La deuxième partie explorera les interdictions à l'utilisation de la voiture qui seront imposées aux conducteurs, dans les prochaines années. Les conséquences sont nombreuses, à la fois sur le droit à la mobilité des individus, sur le pouvoir d'achat des familles et sur l'organisation des territoires. Nous devons combattre le réchauffement climatique grâce à de nouvelles solutions. L'intégration de la robomobile et du robotrain dans les transports publics permettrait de changer, à la fois, les villes et les campagnes. En fait, de nombreux pans de notre société évolueraient (en mieux ?). Enfin, je souhaite que ces idées ne restent pas des concepts dans un livre, même si ce serait déjà louable. Il me paraît nécessaire de tracer la voie d'ici à 2030, pour transformer notre pays et notre continent, redéfinir la mobilité avec de nouveaux services et permettre l'éclosion de l'industrie des nouveaux moyens de transport et, en même temps, de l'intelligence artificielle. La France et l'Europe ont perdu la première bataille d'Internet[9] et de l'intelligence artificielle : les moteurs de recherche, les réseaux sociaux et les systèmes d'exploitation des smartphones sont américains ou chinois. Nous ne devrions pas nous permettre de perdre la bataille de l'automobile du XXIe siècle, la robomobile. Notre continent ne devrait pas se contenter de la place d'assembleur de technologies développées et maîtrisées par les deux hyperpuissances mondiales.

9. Franck Cazenave, *Stop Google. Relever les nouveaux défis du géant du Web*, Pearson, 2014 : docplayer.fr/1560257-2014-pearson-france-stop-google-franck-cazenave.html

T.1 LES DIFFÉRENTS NIVEAUX DE CONDUITE AUTONOME, SELON LA SOCIÉTÉ INTERNATIONALE DES INGÉNIEURS DE L'AUTOMOBILE*

	Niveaux	Contrôle de la direction et de la vitesse	Surveillance de l'environ-nement de conduite	Reprise de contrôle en cas de situation difficle	Domaines opérationnels
0	**Aucune assistance**	Conducteur	Conducteur	Conducteur	Aucun
1	**Assistance conducteur**	Conducteur et système d'exploitation	Conducteur	Conducteur	Limités
2	**Automatisation partielle**	Système d'exploitation	Conducteur	Conducteur	Limités
3	**Automatisation sous conditions**	Système d'exploitation	Système d'exploitation	Le conducteur doit reprendre la main	Limités
4	**Automatisation de haut niveau**	Système d'exploitation	Système d'exploitation	Système d'exploitation	Limités
5	**Automatisation complète**	Système d'exploitation	Système d'exploitation	Système d'exploitation	Sans limites

* « SAE Levels of Driving Automation », Stanford Law School, 18 décembre 2013 : cyberlaw.stanford.edu/blog/2013/12/sae-levels-driving-automation

Clés de compréhension

Niveau 0, aucune électronique n'assiste le conducteur

Au sein de l'Union européenne, le contrôle électronique de trajectoire est obligatoire, depuis le 1er janvier 2014. Il permet au véhicule d'éviter de déraper. C'est déjà une assistance à la conduite ! La 2CV de ma grand-mère Jeanne est bien un véhicule sans aucune assistance à la conduite. D'ailleurs, en dehors de l'Europe, de nombreux véhicules sont toujours produits sans aucune assistance.

Niveau 1, le conducteur est assisté par le véhicule

En cas de danger, des systèmes d'aide à la conduite indépendants comme l'ABS, l'ESP ou le freinage automatique d'urgence sont activés, pour éviter un éventuel accident. Le conducteur reste néanmoins le seul véritable pilote.

Niveau 2, l'automatisation partielle de la conduite

Le véhicule est capable de gérer toutes les fonctions automatisées de niveau 1, et de les combiner : l'accélération et le changement de direction peuvent, par exemple, être simultanés. L'aide au stationnement est également l'un des dispositifs classiques du niveau 2 d'automatisation. Le conducteur peut retirer ses pieds des pédales, mais il n'a pas le droit de lâcher le volant des mains. Le conducteur doit toujours être attentif et en capacité de reprendre le contrôle à tout moment.

Niveau 3, l'automatisation conditionnée

Dans certaines situations prédéfinies, comme de longues lignes droites avec marquage au sol bien visible, le véhicule peut entièrement gérer sa trajectoire et sa vitesse, éviter les obstacles, etc. Le conducteur n'est plus obligé de garder les yeux sur la route, mais il doit être capable de reprendre le volant en cas de nécessité. Au Japon, Honda a introduit le « Traffic Jam Pilot ». Le système peut contrôler ce que fait le véhicule en cas d'embouteillage sur autoroute, dans une plage de vitesse de 0 à 50 km/h.

Niveau 4, la très haute automatisation

À ce stade, le véhicule est autonome et l'intervention du conducteur n'est plus du tout nécessaire, sauf dans certaines situations extrêmes (en cas de très mauvais temps notamment). L'ordinateur de bord peut également trouver un endroit sûr pour arrêter le véhicule si le conducteur n'est pas en capacité de reprendre le contrôle. Toutefois, le domaine opérationnel est limité aux autoroutes ou des voies express. C'est déjà une robomobile !

Niveau 5, l'automatisation totale

La conduite est entièrement automatisée. Le domaine opérationnel n'a pas de limites. Une voiture autonome de niveau 5 peut rouler sur tous les types de route, sans l'intervention d'un conducteur. Plus de volant à bord, les passagers n'ont qu'à monter et renseigner leur adresse de destination.

Les véhicules de niveaux 4 et 5 d'automatisation de la conduite (encadrés par des pointillés) sont des robomobiles.

I

DE L'AUTOMOBILE
À LA ROBOMOBILE

Introduction

L'automobile est au cœur des déplacements humains et les routes ont façonné les paysages. Sans voiture, il serait difficile d'imaginer le quotidien des Français, des Européens et, plus généralement, du milliard d'humains possédant une voiture. En France, deux tiers des déplacements quotidiens sont réalisés en voiture, loin devant la marche et, pour une faible part, des transports en commun[1]. Alors, même si les Français se déplacent en voiture, cet objet a bien évolué depuis sa naissance. Des hommes et des femmes ont contribué à améliorer l'expérience de conduite. L'automatisation fait partie de l'ADN de l'automobile, depuis ses origines. De nombreux inventeurs ont contribué à faciliter la conduite et la sécurité des routes, pour le bénéfice de tous les usagers, conducteurs, piétons ou cyclistes. Ensuite, grâce à l'émergence de la micro-électronique dans les années 1970, les automobiles ont fait de nouveaux pas dans l'automatisation, en particulier de la conduite.

Depuis plusieurs décennies, la voiture peut se substituer au conducteur dans certaines situations. Cependant, le rêve de voir un véhicule se conduire, sans aucune intervention humaine, n'est entrevu que depuis une dizaine d'années. D'ailleurs, le géant du numérique Google, avec la société sœur Waymo, a été

1. Les déplacements quotidiens : voiture (63 %), la marche (24 %) et les transports en commun (9 %) ; « Mobilités des personnes. Enquête nationale transports et déplacements », 2019 : www.statistiques.developpement-durable.gouv.fr/comment-les-francais-se-deplacent-ils-en-2019-resultats-de-lenquete-mobilite-des-personnes

parmi les entreprises à réveiller ce rêve et investir massivement, dès les années 2010[2]. Ses véhicules laboratoires ont éveillé l'espoir pour de nombreuses personnes, privées de mobilité, à cause de leur handicap ou du défaut de permis de conduire. La robotique remplace les actions manuelles du conducteur sur le volant, les pédales d'accélération et de freinage, et l'intelligence artificielle se substitue à l'intelligence humaine. La robomobile n'a besoin en aucun cas de l'intervention humaine. Les robomobiles auront deux, quatre, six, huit, dix ou plus de places, selon les usages. Il est essentiel de comprendre le fonctionnement de ces nouveaux véhicules. Je m'attache donc à expliquer comment la robomobile fonctionne par rapport à la conduite humaine. Ensuite, de manière simplifiée, les éléments essentiels de compréhension de la robomobile sont proposés au lecteur. L'objectif n'est certes pas de faire du lecteur un spécialiste de l'automobile et de la robomobile, en particulier. Il s'agit de donner les clés de la transformation de l'automobile au XXIe siècle vers la robomobile.

Ce basculement vers la robomobile est déjà engagé. Des entreprises mobilisent des milliards d'euros d'investissement, chaque année, afin d'atteindre la mise sur la route de véhicules autonomes, les robomobiles. Les forces en présence sont analysées afin que chaque lecteur puisse comprendre les enjeux technologiques et économiques liés à la robomobile. Ces investissements ont déjà porté à un basculement, en 2020, avec la mise sur route de plusieurs robomobiles partagées, aux États-Unis. Les Chinois répliquent pour éviter la suprématie américaine. Les Européens ont du mal à s'unir pour faire face aux deux économies les plus puissantes du monde. Il est absolument nécessaire que nous, Français et Européens, comprenions la vitesse du changement qui vient, une nouvelle fois, des États-Unis.

2. Franck Cazenave, *Stop Google…*, *op. cit.*

Il s'agit bien d'une course technologique et, bien évidemment, économique qui verra des entreprises et des pays gagnants et d'autres perdants… Dès lors que la robomobile se sera diffusée dans les pays leaders, seulement trois ou quatre systèmes d'exploitation des robomobiles subsisteront… Je suis d'ailleurs certainement optimiste si nous regardons les smartphones. Aujourd'hui, deux systèmes d'exploitation des téléphones dominent le monde : Android et iOS[3].

Enfin, la transformation en robot de moyens de transport ne s'arrête pas à la seule automobile. De nouvelles possibilités de transport de personnes et de marchandises sont déjà en cours de développement au niveau des moyens terrestres, comme le camion et le train, aérien, comme les drones de transport ainsi que les bateaux. Tous les moyens de transport sont concernés et aucune entreprise fabriquant un de ces moyens de transport ne sera épargnée par cette révolution.

Enfin, de nouvelles questions se posent aux États et, plus généralement, à nos sociétés. La première question est l'éthique que nous voulons imposer aux systèmes autonomes et en particulier aux robomobiles. La deuxième question a trait à l'exploitation des données. En Europe, la mise en place du règlement général sur la protection des données n'empêche pas les géants du numérique de piller les données de leurs utilisateurs pour en tirer toujours plus de bénéfices. Les différents types de robomobile vont accélérer la numérisation du monde avec les capteurs et la collecte de données sur le trajet des individus. Les possesseurs des systèmes d'exploitation pourraient tirer avantage de toutes ces données. Il est donc nécessaire d'appréhender les enjeux éthiques liés aux robomobiles et aux données associées.

---

3. *Ibid.*

1
L'automatisation, ADN de l'automobile depuis ses origines

Pour devenir un conducteur, chacun doit passer un permis de conduire. Les règles peuvent varier selon les pays. Toutefois, tout commence avec la connaissance des règles de la sécurité routière. D'ailleurs, il ne s'agit pas d'attendre de passer son permis de conduire pour connaître ces règles. Ainsi, dès le plus jeune âge, il incombe aux parents d'apprendre aux enfants les règles élémentaires du Code de la route... À l'école, aussi, lors des sorties scolaires ou des sorties pour aller au sport, les professeurs des écoles et les accompagnants participent à l'apprentissage des enfants. Pour ceux qui pratiquent le vélo, puis le deux-roues, la connaissance des règles est absolument déterminante pour circuler en sécurité, pour soi et pour les autres usagers de la route.

En France, pour obtenir un permis de conduire, il ne suffit pas de connaître le code et d'en appliquer les règles à la lettre pour être un bon conducteur. Il faut comprendre la légitimité de ces règles et pourquoi elles ont été mises en place. Connaître ces règles est une condition nécessaire pour votre sécurité mais aussi celle des autres usagers. Le code de la route doit être connu non seulement pour l'examen mais également être retenu et appliqué tout au long de la vie du conducteur, c'est l'assurance d'une meilleure sécurité pour tous sur les routes.

Après avoir brillamment passé l'examen du code, il reste à valider la pratique. Tout d'abord, l'apprentissage de la maîtrise du véhicule commence par la compréhension du fonctionnement de celui-ci. Il y a la gestion de la direction avec le volant, des différentes pédales de freinage, d'accélération et éventuellement de débrayage des vitesses lorsque le véhicule est équipé d'une boîte manuelle. Dans le cas d'une boîte de vitesse automatique, la maîtrise du débrayage et du passage de vitesse n'est pas nécessaire. D'ailleurs, depuis 2017, il existe un permis boîte automatique avec la possibilité de passer l'examen à l'issue de treize heures de formation. Ensuite, il est essentiel de comprendre les outils à disposition du conducteur pour s'assurer de : son environnement, avec des rétroviseurs intérieur et extérieurs ; sa visibilité, avec les commandes pour gérer les essuie-glaces et les phares ; sa vitesse, avec le compteur qui lui est dédié ; le régime du moteur, afin de maîtriser la puissance demandée, qui pourrait s'avérer excessive ; de son confort, avec tout d'abord le réglage du siège, et ensuite d'un certain nombre de fonctionnalités présentes dans le véhicule. Enfin, il s'agit d'utiliser les connaissances acquises sur les règles du code de la route avec la connaissance et la maîtrise du véhicule pour se déplacer… Un minimum d'heures est nécessaire pour y arriver. La conduite accompagnée s'est développée ces dernières décennies avec succès. Selon la Sécurité routière, les candidats ayant suivi cet apprentissage précoce sont 75 % à réussir l'épreuve pratique alors que les candidats de la formation traditionnelle ne sont que 52 %[1].

Par conséquent, pour qu'un véhicule puisse se passer d'un conducteur humain, il se doit de maîtriser à la fois le code de la route, toutes les commandes qui sont habituellement gérées

1. Sécurité routière, « Apprentissage anticipé de la conduite » : www.securite-routiere.gouv.fr/passer-son-permis-de-conduire/conduite-accompagnee/apprentissage-anticipe-de-la-conduite

par le conducteur, et enfin son environnement. En réalité, depuis son origine, les constructeurs automobiles ont engagé l'automatisation de la conduite et la montée en puissance de l'intelligence de la machine.

Les premiers pas d'une automatisation mécanique de la conduite

Dès les premiers modèles d'automobile, leurs inventeurs ont cherché à automatiser leur fonctionnement. Par exemple, une boîte de vitesses permet la transmission de la puissance du moteur thermique d'un véhicule avec le couple et la vitesse de rotation adaptés à la situation. Déjà en 1898, Louis Renault, grand inventeur et entrepreneur de l'industrie automobile française, fait breveter la boîte de vitesse à prise directe[2]. C'est d'ailleurs cette innovation qui le conduit avec son frère à créer l'entreprise Renault Frères.

En ce qui concerne la visibilité du conducteur, plusieurs systèmes d'essuie-glaces sont apparus au début du XXe siècle. Il semblerait que Mary Anderson[3] (1866-1953) ait été la première avec un dépôt de brevet en 1903. La légende raconte qu'elle est alors de passage à New York quand elle remarque que les conducteurs d'automobiles s'arrêtent régulièrement pour enlever la neige de leurs parebrises. Même les conducteurs de tramways devaient s'exposer au froid en roulant parebrises ouverts pour mieux y voir ! En rentrant en Alabama, elle se met au travail. Son idée est simple : un levier est activé de l'intérieur par le conducteur, ce qui met en marche un bras composé d'une lame de caoutchouc, puis le ramène à sa position originale,

2. « Louis Renault », *Universalis* : www.universalis.fr/encyclopedie/louis-renault/
3. Laurent Delahousse, « 20 h 30 le samedi. Les oubliées », France 2, 6 mars 2021 : www.francetvinfo.fr/replay-magazine/france-2/20h30-le-samedi/20h30-le-samedi-du-samedi-6-mars-2021_4300119.html

enlevant ainsi toutes les gouttes de pluie ou de neige. Le dispositif peut être démonté à souhait, à la fin de l'hiver par exemple. Elle obtient un brevet pour une période de dix-sept ans[4].

Mais à l'époque les voitures ne sont pas encore très développées et beaucoup pensent que cet engin sera une distraction pour le conducteur. Elle tente de le vendre à une société canadienne en 1905, mais celle-ci lui répond qu'elle n'y voit aucun intérêt commercial. Ce n'est qu'en 1922, alors que son brevet a expiré, que Cadillac fait de l'essuie-glace un équipement standard sur tous ses modèles. Mary Anderson n'aura pas perçu les bénéfices de son innovation… Toutefois, tous les conducteurs doivent la remercier car c'est grâce à sa perspicacité et son inventivité que nous pouvons affronter les intempéries. De plus, il faut signaler qu'une autre femme, Charlotte Bridgewood, a participé à la résolution du problème des essuie-glaces. En 1913, en partant du modèle de Mary Anderson, elle rend le mouvement automatique et remplace la lame de caoutchouc par des rouleaux, plus efficaces. Bien qu'apportant une innovation majeure à l'automobile, elle aussi ne gagne pas d'argent avec son innovation…

Enfin, il a fallu informer les autres usagers de la route des intentions du conducteur. Le premier indicateur de changement de direction fut le bras. D'ailleurs, il était utilisé en automobile de la même manière dont nous l'utilisons toujours à vélo… En janvier 1907, Percy Douglas-Hamilton, un inventeur américain, dépose le premier brevet pour un système d'indicateur de direction, son système utilise un signal lumineux en forme de main de chaque côté du véhicule. De nombreux brevets seront déposés aux États-Unis dans les années qui suivront mais aucun constructeur ne considère ce type d'installation comme prioritaire.

---

4. « Les cinq inventions qui ont révolutionné l'automobile », *Oscaro*, 12 octobre 2018 : www.oscaronews.com/les-5-inventions-qui-ont-revolutionne-lautomobile/

Florence Lawrence (1886-1938) fait partie des premières conductrices d'automobile aux États-Unis. Actrice à succès, ses nombreux rôles lui permettent d'acheter sa première voiture, objet encore rare et très cher en ce début de XXe siècle. Elle adore conduire et comprendre le fonctionnement de son véhicule. En 1914, elle invente un bras mécanique qui, activé par un bouton, lève ou abaisse un drapeau installé sur le pare-chocs arrière de la voiture. C'est la naissance du clignotant. Plus tard, elle reprend ce principe et installe un signal de freinage : quand elle appuie sur le frein, un panneau stop apparaît à l'arrière de la voiture. Il faut croire que l'invention est une histoire de famille, sa mère n'étant pas moins que… Charlotte Bridgewood, à l'origine des essuie-glaces automatiques[5] ! Il faudra attendre 1938 et le constructeur américain Buick pour que certains de ses véhicules soient équipés de clignotants de série. Le système est appelé « Flash-Way Directional Signal ». Après la Seconde Guerre mondiale, le système se généralise aux États-Unis et partout dans le monde.

Ces exemples montrent que l'automobile s'est automatisée grâce à l'inventivité d'hommes et de femmes, partout dans le monde, afin de proposer une solution de mobilité performante et facile d'utilisation. De nouvelles possibilités s'ouvrent avec les microprocesseurs et leur adaptation à l'automobile.

L'automobile s'approprie l'informatique

Les premières machines reprogrammables et donc polyvalentes apparaissent dans les années 1940. Les machines anglo-saxonnes sont électroniques, fonctionnant avec des tubes à vides. Elles restent particulièrement volumineuses avec 30 tonnes, 167 m^2 de surface et un volume de 30 m^3. Pour

5. *Ibid.*

miniaturiser ces machines reprogrammables, il faut attendre que le génie, en particulier celui de l'Italien Federico Fagin, invente, d'abord, en 1968, dans les laboratoires de recherche et développement de Fairchild Semiconductor, à Palo Alto, le premier transistor à base de silicone. Ensuite, avec les fondateurs d'Intel et d'autres chercheurs, Federico Fagin continue ses travaux, jusqu'à développer en 1971, avec ses collègues, le premier microprocesseur, le 4004. Les microprocesseurs permettent le développement de l'informatique. Et l'automobile ne va mettre que quelques années pour s'approprier cette technologie. Toutefois, chaque constructeur développe dans son coin un langage pour ses véhicules. Pour réaliser des économies d'échelle, l'industrie automobile a besoin d'un langage commun… En 1983, la société Robert Bosch GmbH dépose une demande de brevet décrivant un réseau local de contrôle, appelé en anglais Controller Area Network (CAN). Cette solution s'impose comme un standard normalisé, utilisé par tous les constructeurs. Les boîtiers électroniques possèdent alors une entrée qui transforme les signaux analogiques en signaux numériques exploitables par le microprocesseur. C'est le composant intelligent du boîtier car il est doté de puissance de calcul pour exécuter un programme présent dans la mémoire morte. Enfin, la sortie du boîtier électronique transforme les ordres fournis par le microprocesseur en signaux numériques qui transitent sur le réseau CAN. Par exemple, l'éclairage extérieur peut être actionné manuellement par le conducteur avec sa commande. Toutes ces demandes sont transformées en messages qui transitent sur le CAN. Ainsi, l'architecture des automobiles transforme des messages analogiques en messages numériques et vice versa.

En 2020, un véhicule possède des dizaines de boîtiers électroniques pour commander toutes sortes de fonctions dans le véhicule. Pour continuer sur l'essuyage, la détection de la pluie peut s'effectuer par un capteur apposé au niveau du pare-brise qui envoie une instruction au boîtier de commande des moteurs électriques d'essuyage.

En conclusion, depuis son apparition, l'automobile a stimulé la créativité d'hommes et de femmes pour améliorer l'expérience de conduite, le confort des occupants et aussi la perception des intentions du conducteur par les autres usagers de la route. De nouvelles possibilités se sont ouvertes à l'automatisation grâce à l'adaptation de l'informatique aux voitures… Cette histoire n'en est qu'à son début !

2
Quand l'automobile se substitue déjà au conducteur…

Depuis plus de quatre décennies, des composants informatiques sont intégrés aux voitures. La puissance de calcul des microprocesseurs augmente suivant la loi de Moore. Dès 1965, le cofondateur de la société Intel, Gordon Moore, avait affirmé que le nombre de transistors par circuit de même taille allait doubler, à prix constant, tous les ans. Il a rectifié, par la suite, en portant à dix-huit mois le rythme de doublement.

L'industrie automobile a adapté cette puissance de calcul afin de percevoir son environnement, comprendre la signalisation routière et, dans certaines circonstances, se conduire elle-même !

L'automobile perçoit déjà son environnement

Le conducteur utilise ses yeux pour percevoir l'environnement autour du véhicule. Il est capable d'identifier la signalisation routière pour lui permettre de prendre un certain nombre de décisions par rapport à son itinéraire. À travers les vitres, le conducteur contrôle la situation latéralement. En outre, il dispose de rétroviseurs extérieurs pour identifier des véhicules circulant sur d'autres voies. Enfin, le rétroviseur intérieur permet de surveiller l'arrière du véhicule.

Durant les dernières décennies, l'automobile s'est également mise en quête de percevoir son environnement grâce à différents capteurs.

Tout d'abord, le capteur à ultrasons est bien connu des automobilistes par le « bip-bip » émis lors de manœuvres pour se garer. Ainsi, un capteur à ultrasons émet de courtes impulsions sonores à haute fréquence, à intervalles réguliers. Ces impulsions se propagent à la vitesse du son. Lorsqu'elles rencontrent un obstacle, elles se réfléchissent et reviennent sous forme d'un écho au capteur. Le boîtier électronique de commande du capteur à ultrasons peut alors déterminer la distance séparant l'objet détecté du capteur. C'est le temps écoulé entre l'émission du signal et la réception de l'écho qui permet d'établir la distance. Pour information, pratiquement tous les matériaux reflètent le son et peuvent ainsi être détectés, même les matériaux transparents ou les feuilles minces ne représentent aucun problème pour un capteur à ultrasons. La portée maximale du capteur à ultrasons est d'environ 10 mètres et permet une mesure au millimètre près. Les capteurs à ultrasons sont parfaitement adaptés à la voiture puisqu'ils perçoivent à travers l'air chargé en poussières, la pluie ou et le brouillard. Ce sont les équipementiers automobiles français, Valeo, et allemand, Bosch, qui sont les leaders mondiaux de cette technologie. Le français[1] déclare avoir produit 1,1 milliard de capteurs à ultrasons depuis les années 1990. Rien qu'en 2019, 170 millions de capteurs sont sortis de ses usines.

Actuellement, les constructeurs disposent jusqu'à douze capteurs à ultrasons sur leurs véhicules : six sur le parechoc avant et la même quantité sur celui à l'arrière. En fait, quatre capteurs détectent les objets face au véhicule et deux capteurs sont positionnés sur les côtés gauche et droite du parechoc.

1. Valeo Investor Day 2019, Leadership in ADAS, décembre 2019 : www.valeo.com/wp-content/uploads/2019/12/valeo-investor-day-2019_Partie2.pdf

La répartition est la même sur le parechoc à l'arrière du véhicule. Par conséquent, quatre capteurs scannent devant le véhicule, quatre derrière, deux à gauche et deux à droite. Finalement, avec ces douze capteurs à ultrasons, un véhicule perçoit son environnement, à 360 degrés autour de lui et à une distance de 10 mètres. À basse vitesse, pour une manœuvre de stationnement, ou dans les embouteillages sur le périphérique parisien, cet équipement permet de diriger le véhicule, détecter un autre véhicule sur une autre file et éviter un accrochage en cas de déport sur la voie où celui-ci est présent. Avec des vitesses plus élevées, le capteur à ultrasons montre ses limites : il faut une portée bien supérieure à 10 mètres !

Pour parvenir à couvrir des dizaines et même des centaines de mètres, il est nécessaire de recourir à la technologie radar (de l'acronyme anglais *RAdio Detection And Ranging*). Le radar est un système fondé sur des ondes électromagnétiques pour déterminer la position et la vitesse d'objets. Les ondes de l'émetteur sont réfléchies par les objets et les signaux retours sont captés et analysés par le récepteur. Cela permet de comprendre la taille et la distance des obstacles comme un véhicule ou bien un piéton. Parmi les fabricants de radars pour l'automobile, Bosch commercialise désormais un radar avec une portée de 300 mètres[2]. Ce capteur équipe de nombreux véhicules dotés du régulateur adaptatif de vitesse et de distance. Son utilisation permet au conducteur de maintenir une vitesse constante, en restant dans la même voie de circulation et en respectant une distance de sécurité au véhicule qui précède, détecté par le radar. Le régulateur de vitesse s'efforce de suivre le véhicule qui précède sur la même voie à une distance déterminée par le conducteur. Si le radar ne détecte aucun véhicule qui précède, la voiture

---

2. Robert Bosch GmbH, « Long range radar sensor » : www.bosch-mobility-solutions.com/en/products-and-services/passenger-cars-and-light-commercial-vehicles/driver-assistance-systems/automatic-emergency-braking/long-range-radar-sensor/

adoptera alors la vitesse réglée pour le régulateur de vitesse. Il en va de même si la vitesse du véhicule qui précède dépasse celle réglée dans le régulateur de vitesse. Il faut noter les limitations du régulateur adaptatif de vitesse : il ne freine pas pour les êtres humains ni pour les animaux ni pour les petits véhicules, les bicyclettes et les motos présents sur la voie de circulation ; il ne freine pas non plus pour les véhicules ou objets circulant en sens inverse, lents ou à l'arrêt. Le conducteur doit directement prendre les commandes pour maintenir la distance avec le véhicule qui précède et freiner en cas de besoin.

La caméra, les yeux de la voiture

Au-delà du capteur à ultrasons et du radar, il existe une autre technologie bien connue du grand public : la vidéo. L'industrie automobile s'est accaparée cette technologie afin de l'adapter à ses besoins. La caméra est un peu les yeux de la voiture, pour remplacer ceux du conducteur. À l'origine, la caméra permet aux gens de documenter le monde comme bon leur semble. Les vacances en famille, les fêtes d'anniversaires, les naissances, les exploits des enfants, etc., sont autant d'occasion pour conserver le témoignage d'un événement. Le smartphone, avec la qualité croissante des optiques, a démocratisé l'utilisation de la vidéo, tant pour des usages privés que professionnels. De nombreuses personnes utilisent la vidéo pour partager, sur les réseaux sociaux, des moments de vie, parfois très banals. Grâce au débit des réseaux, toujours plus élevé, la vidéo n'existe plus seulement pour documenter un souvenir et le partager, maintenant elle permet, en direct, de partager, volontairement, sur les réseaux sociaux ses performances ou ses états d'âme, à des amis virtuels et même à des inconnus. L'utilisation sans limite de la vidéo transforme la vie des individus. Toutefois, la vidéo n'a pas seulement que des usages personnels : elle se déploie massivement dans de nombreux secteurs, en particulier le commerce, pour transformer la relation avec les clients. Déjà, l'identification des clients par tranche d'âge et de sexe intéresse tous les magasins... Des algorithmes tentent même d'analyser les réactions des clients afin de comprendre quels produits procurent du plaisir et d'autres des déceptions.

Adossée à un boîtier électronique dédié, qui contient de puissants algorithmes de traitement des images, la caméra permet d'identifier des individus, des véhicules et de nombreux éléments des infrastructures routières. Dès 2010, la société Mobileye a développé le premier système de détection des piétons pour Volvo. En 2013, le premier système de freinage automatique, piloté par une caméra, est disponible chez Audi, toujours grâce aux technologies de Mobileye[3]. En fait, Mobileye est le leader incontesté de cette technologie. En 2020, plus de 50 millions de voitures utilisent déjà des solutions d'assistance à la conduite, basées sur les solutions de Mobileye. Spécialisé dans les systèmes de vision, Mobileye conçoit les yeux et le cerveau du véhicule, grâce à ses propres puces et aussi ses logiciels « maison ». Entre 1999, avec sa première puce EyeQ1, et la prochaine génération de puce avec EyeQ6, en 2023, Mobileye aura multiplié la puissance de traitement des images de presque 30 000. Les possibilités de détection d'obstacles et de compréhension de l'environnement du véhicule sont ainsi décuplées !

Les « yeux » de la voiture représentent un tel enjeu qu'en 2017 la société américaine Intel[4] a racheté Mobileye pour la bagatelle de 15 milliards de dollars. C'est la plus grosse acquisition vue en Israël, à ce jour...

---

3. Adrian Branco, « Mobileye, la discrète arme d'Intel pour devenir un géant de la voiture autonome », 01net, 6 juin 2020 : www.01net.com/actualites/mobileye-la-discrete-arme-d-intel-pour-devenir-un-geant-de-la-voiture-autonome-1846777.html
4. « Intel completes tender offer for Mobileye », 8 août 2017 : newsroom.intel.com/news-releases/intel-mobileye-acquisition/

L'automobile comprend déjà la signalisation

Le traitement des images de la caméra permet de détecter et d'identifier précisément les objets en mouvement comme les voitures, les camions, les vélos et les deux-roues. En plus, il est possible de mesurer l'éloignement des obstacles par rapport au véhicule, comme le radar ou les capteurs à ultrasons le permettent. Toutefois, la portée des caméras est plus courte que celle des radars et plus longue que celle des capteurs ultrasons. Elle avoisine 70 mètres environ.

Avec cet horizon, le traitement des images de la caméra permet également de détecter la signalisation présente sur la chaussée. Tout d'abord, dans le cas d'un régulateur de vitesse adaptatif, la caméra permet de détecter les panneaux indicateurs de la vitesse. D'ailleurs, sur certains véhicules équipés de cette fonctionnalité, le conducteur peut voir s'afficher sur l'écran de sa voiture le panneau de vitesse que le véhicule vient de croiser. Cette information est déterminante pour permettre d'adapter la vitesse à la limitation en vigueur. D'ailleurs, certains systèmes permettent de détecter les panneaux de limitation de vitesse présents sur des zones de travaux. De la même manière, certains pays utilisent fréquemment des panneaux de vitesse adaptatifs, suivant les conditions de circulation. Les meilleurs systèmes comme ceux de Mobileye permettent de les détecter et de donner la limitation de vitesse appliquée au moment où le véhicule croise cette indication. Toutefois, les performances actuelles vont bien au-delà des panneaux de limitation des vitesses.

En effet, la caméra permet d'identifier tous types de panneaux présents sur la chaussée. En fait, une banque de données de panneaux est embarquée dans la mémoire du boîtier de commande de la caméra. Les formes détectées par la caméra sont analysées par rapport à cette banque d'images de panneaux. L'image de la forme particulière avec ses couleurs blanche et rouge et le mot « STOP » permet, par exemple, de déterminer qu'un tel panneau est bien présent. Même les panneaux directionnels sont présents dans cette banque d'images, avec les spécificités des pays. Par exemple, les panneaux de direction sur l'autoroute sont bleus en France, mais ils sont verts en Italie, où la couleur bleue est réservée aux routes départementales. Mobileye, comme ses concurrents, ont construit des systèmes de détection et d'analyse des images de la caméra qui permettent de ne pas... tomber dans le panneau !

La voiture se conduit elle-même dans certaines situations

Au cours des années 2000, trois innovations ont été introduites largement sur les véhicules vendus dans le monde entier : l'assistance aux manœuvres de parking, le freinage d'urgence et le régulateur adaptatif de vitesse.

Dans le premier cas, la présence des capteurs ultrasons autour du véhicule a permis d'introduire des aides aux manœuvres de parking. Aujourd'hui, la combinaison de la compréhension de l'environnement du véhicule, avec les capteurs, et la possibilité d'automatiser les mouvements de la direction, le freinage et l'accélération, permet de proposer une manœuvre de parking entièrement automatisée. Pour les conducteurs qui ne sont pas à l'aise avec les créneaux, par exemple, ils peuvent désormais s'en remettre à leur véhicule. Pour les conducteurs les plus aguerris, cette fonction leur est pratiquement inutile. En effet, les constructeurs gardent une marge de sécurité entre le véhicule et les autres obstacles stationnés. Par conséquent, le conducteur chevronné manœuvre jusqu'à effleurer les obstacles et peut ainsi se garer dans une place plus petite... Il faut souligner que la technologie pourrait se rapprocher des meilleurs conducteurs, à partir du moment où les constructeurs accepteraient de prendre plus de risques.

Dans le deuxième cas, le freinage d'urgence a été promu par les États pour réduire le nombre d'accidents et, en Europe, il a été soutenu par le Programme européen pour l'évaluation d'automobiles neuves, Euro NCAP[5]. Chaque année, les critères d'évaluation des véhicules sont renforcés pour améliorer la sécurité des véhicules neufs, lors de leur mise sur le marché.

Le freinage d'urgence est basé sur la détection avec des capteurs comme la caméra et le radar d'obstacles présents sur la chaussée. Le boîtier électronique des capteurs permet de calculer la distance et la probabilité d'un impact, selon la vitesse du véhicule. Si la probabilité augmente et que le conducteur ne réagit pas, un signal sonore est activé puis un freinage d'urgence, pour éviter ou, du moins, réduire l'impact de la collision.

Enfin, le troisième système d'assistance à la conduite est le régulateur adaptatif de la vitesse du véhicule. Le mot important est « adaptatif ». Parce que le régulateur de vitesse existe depuis longtemps. Dans ce cas, le conducteur notifie à l'ordinateur de bord le maintien constant d'une vitesse, par exemple 130 km/h, sur autoroute. Si la vitesse du trafic passe en dessous de 130 km/h, le conducteur doit agir lui-même pour réduire la vitesse du véhicule. Quand le régulateur est « adaptatif », cela signifie que le véhicule lui-même régule sa vitesse, selon le trafic. Les capteurs présents sur le véhicule, radar et/ou caméra, permettent d'analyser la vitesse des véhicules roulant devant, comme pour le freinage d'urgence. Dès lors, la vitesse s'adapte, même en dessous de la consigne du conducteur.

En conclusion, depuis de nombreuses années, les assistances à la conduite se sont démocratisées, avec des dizaines de millions de véhicules équipés de ces technologies. Avec la robomobile,

5. Créé en 1997, Euro NCAP est composé de sept gouvernements européens ainsi que d'organisations de consommateurs et d'automobilistes dans chaque pays européen. Euro NCAP fournit aux consommateurs une évaluation indépendante du niveau de sécurité des voitures les plus populaires vendues en Europe.

il ne s'agit plus d'assistance : le véhicule est capable de se passer du conducteur, pour permettre à tous les passagers à bord de profiter de leur trajet, comme ils le souhaitent.

3
La robomobile, automobile de la révolution numérique

La voiture du XXe siècle est mécanique par son architecture et son énergie, issue du pétrole. Depuis les années 1980, l'électronique embarquée dans les voitures vient compléter, en parallèle, l'architecture mécanique. Toutefois, il n'y a pas de fusion entre la mécanique et l'électronique… Pour sa part, la robomobile fusionne toutes les architectures. Tout d'abord, l'énergie de la robomobile est l'électricité. Nous n'imaginons pas voir un ordinateur fonctionner avec un moteur à essence ! La robomobile est semblable à un ordinateur car toute son architecture est informatique. Les réseaux sont faits de câbles Ethernet, standard de l'informatique, et non plus de câble de cuivre qui supporte le réseau des voitures actuelles. Quand le débit est aujourd'hui d'un Mégaoctet (Mo) par seconde, celui de la robomobile dépasse au minimum un Gigaoctet (Go) par seconde. C'est un peu la même différence entre un téléphone 3G qui demandait plusieurs minutes pour télécharger une chanson, quand il faut le même temps pour télécharger un film en haute définition avec un téléphone 5G. Par conséquent, dotée d'une architecture numérique, la robomobile peut exploiter toutes les forces de l'informatique et d'Internet : de nombreux capteurs pour percevoir le monde environnant, une cartographie précise, un échange de données avec l'infrastructure et les autres véhicules ainsi qu'un système d'exploitation spécifique.

Les capteurs, pour pixelliser le monde autour de la robomobile

La robomobile doit remplacer l'être humain, le conducteur, qui a la capacité avec ses yeux de prendre connaissance de la route face à lui, sur les côtés et, avec l'aide des rétroviseurs, derrière lui. Ensuite, il analyse la situation de la chaussée, par rapport aux règles du Code de la route qu'il a intégrées par apprentissage, et dans la direction vers laquelle il se rend. Il doit prendre des décisions en une fraction de seconde comme accélérer, freiner et agir sur la direction. D'autres sens peuvent aussi rentrer en jeu comme l'ouïe, pour alerter de l'arrivée, de la présence de véhicules ou de piétons. Et puis, il y a aussi le ressenti, cette sensation qui pousse à plus de vigilance à certains moments, dans le brouillard, sous la pluie ou à un tournant. La robomobile doit remplir toutes ces tâches et mieux que l'être humain. C'est la condition *sine qua non* pour que nous puissions avoir confiance en la machine et lui céder le contrôle et, d'une certaine manière, la responsabilité de nos vies.

En ce qui concerne la compréhension de son environnement, la robomobile est équipée de capteurs sur tous les côtés. Ils pixellisent le monde autour d'elle pour reconstituer une vue à 360 degrés. Il existe quatre types de capteurs : ultrasons, radars, caméras et lidars (*LIght Detection And Ranging*). J'ai déjà décrit les capteurs ultrason, radar et caméra. Les caméras sont utilisées à l'avant, à l'arrière et même à la place des rétroviseurs pour la robomobile. Le lidar est une technologie de mesure optique basée sur l'analyse des propriétés d'une lumière laser renvoyée vers son émetteur. Il a été rendu populaire par Google qui a positionné un lidar de l'entreprise américaine Velodyne sur le toit de ses premières robomobiles. Ce lidar est équipé de 64 lasers émetteurs et de 64 lasers récepteurs qui tournent en permanence à 360 degrés. Le laser mesure tous les objets avec une précision de cinq centimètres, ce qui est bien mieux que les radars et caméras. Pour environ 1 000 euros, des lidars à 360 degrés équipent les robomobiles[1]. Dans les prochaines années, avec l'augmentation exponentielle des quantités, le prix de ce capteur tombera en dessous de 500 euros. Et les lidars fixes, avec un angle de perception de 140 degrés, sont déjà vendus à moins de 250 euros aux constructeurs automobiles[2]. Ils leur coûteront une centaine d'euros dans quelques années.

Il est intéressant de savoir qu'Elon Musk, PDG de Tesla, pense pouvoir se passer de la technologie lidar, grâce à la puissance des algorithmes qui analysent les images des caméras placées autour des véhicules, produits par le constructeur. Si Elon Musk devait gagner ce pari technologique, ce serait une avancée majeure pour la simplification du nombre de capteurs nécessaires pour permettre à la robomobile de se mouvoir…

Enfin, aujourd'hui, les capteurs ont des limitations dans la perception des objets, en particulier lors de conditions difficiles comme la neige, la pluie battante ou le brouillard. Toutefois, la progression des technologies est très rapide. Une équipe de chercheurs du Massachusetts Institute of Technology a déjà fait la démonstration de la supériorité de capteurs combinés à leurs algorithmes, par rapport à la vision humaine dans les conditions de brouillard[3].

---

1. Eric Smidt, « Laser sensor for automated driving », Velodyne, Conference CESA, 16 novembre 2016.
2. Paul Godsmark, « Quanergy's New $250 Solid-State LIDAR Could Bring Self-Driving to the Masses », *Driverless*, 5 janvier 2017 : www.driverless.id/news/quanergys-new-250-solid-state-LIDAR-could-bring-self-driving-masses-0175790/
3. Massachusetts Institute of Technology, « Seeing through fog », 21 mars 2018 : www.youtube.com/watch ?v=CkR1UowJF0w&feature=youtu.be

La cartographie tridimensionnelle, pour se situer dans l'espace

La localisation joue déjà un rôle essentiel dans les services numériques et la récolte de données personnelles. Pour la robomobile, la localisation précise sur la chaussée est indispensable pour interagir avec l'environnement. La précision du GPS civil n'est pas suffisante et elle ne permet pas de savoir, par exemple, sur quelle voie circule un véhicule lorsqu'il y a au moins deux voies de circulation dans le même sens. Il est donc indispensable de compléter les systèmes GPS avec une autre solution. Des centrales inertielles, couplées au GPS, sont développées et intègrent différents capteurs, comme des MEMS (*Micro Electro Mechanical Systems*)[4], pour augmenter la précision de la localisation. De plus, les capteurs de la robomobile (ultrasons, radars, caméras et lidars) détectent, certes les obstacles sur la route, mais aussi tous les éléments de l'infrastructure. Il est alors possible de constituer, en temps réel, l'environnement de la robomobile et de la comparer avec une carte détaillée des routes. Google, Here et Tomtom ont développé des cartographies détaillées et en 3D des millions de kilomètres de routes asphaltée, existantes aux États-Unis ou en Europe. Baidu fait de même pour la Chine. Par exemple, cette cartographie pour les robomobiles permet de savoir où se situe très précisément un feu tricolore. En arrivant à proximité de celui-ci, le véhicule va chercher à connaître sa couleur, grâce à la caméra, et à déterminer les actions nécessaires, comme l'arrêt de la traction moteur et le freinage si le feu est rouge.

Il faut cependant souligner qu'il ne sera pas possible, du fait du manque de capacité de mémoire des voitures, d'y stocker les cartes détaillées, avec toutes les mesures, de toute l'Europe.

4. Les MEMS sont des dispositifs miniaturisés combinant plusieurs principes physiques.

La robomobile doit télécharger la cartographie dont elle a besoin. Et grâce à l'imagerie satellitaire, la cartographie s'enrichit d'informations utiles pour les robomobiles. Ainsi, avant qu'un représentant officiel ne coupe le ruban d'inauguration d'une nouvelle route, les satellites d'observation de Planet, par exemple, pourront la cartographier et la rendre disponible. L'observation satellitaire devient un avantage compétitif et stratégique pour ceux qui la maîtrisent. Enfin, les millions d'utilisateurs de Waze fourniront à Google Maps et aux robomobiles toutes les informations concernant les accidents ou l'étendue réelle des embouteillages.

Un cerveau artificiel et un OS pour la robomobile

Pour la prise de décision, la robomobile se dote d'une intelligence artificielle centralisée, pour imiter le cerveau humain. Il n'est pas suffisant de connaître la situation de la chaussée, de la signalisation et sa position. La robomobile doit prendre en permanence des décisions, pour agir sur la direction, la vitesse, l'accélération ou le freinage. En d'autres mots, selon l'ancien directeur général d'Intel, Brian Krzanich, « une autonomie élevée pour les voitures et tout ce à quoi elles se connectent nécessitera des cerveaux électroniques puissants et fiables afin qu'elles soient suffisamment intelligentes pour évoluer dans le trafic et éviter les accidents[5] ». La robomobile nécessite de puissants « cerveaux artificiels » pour remplacer l'être humain, avec des Téra-FLOPS, c'est-à-dire un Téra d'opérations à la seconde. Le premier superordinateur à passer la barre du Téra-FLOPS est

5. Edward Taylor, « Alliance BMW-Intel-Mobileye pour une voiture autonome d'ici 2021 », Reuters, 1er juillet 2016 : fr.reuters.com/article/technologyNews/idFRKCN0ZH514 ?pageNumber=2&virtualBrandChannel=0&sp=true

l'ASCI Red. Il est d'origine américaine[6] et date de 1997. Le coût de ce superordinateur s'est élevé à plus de 40 millions d'euros ! De plus, la surface au sol atteignait 150 m², incompatible avec un usage mobile…

Depuis 2005, les progrès de miniaturisation ont été gigantesques. La société NVIDIA Corporation est un fournisseur mondial de processeurs, de cartes et de puces graphiques qui gèrent des millions de pixels, pour chaque image des jeux vidéo sur PC et consoles. NVIDIA investit le monde de l'automobile avec ses processeurs graphiques, utiles pour traiter les pixels de tous les capteurs de la robomobile. NVIDIA a ainsi développé un premier ordinateur pour des fonctions de conduite automatisée[7]. Il peut analyser, en temps réel, l'environnement du véhicule grâce aux données fournies par les capteurs. Ensuite, il permet de géolocaliser avec précision sur des cartes HD et planifier des itinéraires en toute sécurité. Cet ordinateur combine des technologies d'intelligence artificielle et de fusion des capteurs. Pour la conduite automatisée, il possède une puissance de 2,4 Téra-FLOPS d'opérations par seconde, si bien qu'en moins de vingt ans, l'équivalent de deux superordinateurs ASCI Red se retrouve dans une Tesla S, depuis 2016, pour quelques centaines d'euros !

Aujourd'hui, NVIDIA développe une nouvelle génération de cerveaux artificiels pour la robomobile : « Orin ». Ce cerveau artificiel est pourvu de 254 Téra-FLOPS[8] d'opérations par seconde : il n'y a plus de limites à la puissance embarquée pour les robomobiles ! Il faudra deux « Orin » qui fonctionnent en parallèle, et en cas de panne, un seul « Orin » permettra à la robomobile de continuer de fonctionner en sûreté. La puissance

6. Conçu par l'Advanced Strategic Computing, au Sandia National Laboratories.

7. Il est dénommé « DRIVE PX ».

8. « NVIDIA Annual Investor Day », 12 avril 2021 : s22.q4cdn.com/364334381/files/doc_presentations/2021/04/v2/NVIDIA-Investor-Day-2021-FINAL.pdf

de calcul va continuer de se développer de manière exponentielle : NVIDIA annonce déjà pour 2024 son nouveau cerveau, « Atlan », doté de 1 000 TFLOPS de puissance de calcul ! Pour tester ses cerveaux artificiels, NVIDIA possède sa propre flotte de véhicules autonomes qui circulent dans plusieurs villes aux États-Unis[9].

Pour sa part, Tesla a compris l'importance stratégique du cerveau artificiel de la robomobile. Le constructeur américain a décidé de développer sa propre solution et de s'affranchir de NVIDIA, entreprise avec laquelle elle a pourtant travaillé durant cinq ans[10]. Le cerveau artificiel de Tesla a une puissance de 144 TFLOPS[11] et il équipe tous les véhicules depuis avril 2019[12].

La robomobile sera donc dotée d'un cerveau artificiel avec la puissance nécessaire pour utiliser son OS (*Operating System*, système d'exploitation) et analyser le déluge de données des capteurs et de la cartographie, en temps réel. Le système d'exploitation artificiel réunit tous les logiciels qui permettent de contrôler les capteurs, d'analyser les données et de simuler, en parallèle, différents scénarios de trajectoires pour prendre la meilleure décision, selon les règles du code de la route. Parce que, bien évidemment, la robomobile respecte les règles fixées par les humains et s'y conforme. En outre, en plus de logiciels traditionnels, « la robomobile est un défi qui peut enfin être résolu avec des percées récentes dans l'apprentissage profond et

---

9. NVIDIA, « Self-Driving Safety Report » : images.nvidia.com/content/self-driving-cars/safety-report/auto-print-self-driving-safety-report-2021-update.pdf?linkId=100000034091531

10. Pour comprendre les différences entre les solutions NVIDIA et Tesla, l'auteur recommande la lecture de l'article suivant (en anglais) : Arthur Findelair, « Tomorrow's car silicon brain, how is it made ? », *Towards data science*, 22 mars 2021 : towardsdatascience.com/tomorrows-car-silicon-brain-how-is-it-made-9090e1f06c9d

11. « Tesla Autonomy Day », 22 avril 2019 : www.youtube.com/watch?v=Ucp0TTmvqOE

12. Tesla, « Autopilot and Full Self-Driving capability » : www.tesla.com/support/autopilot

l'intelligence artificielle », selon le fondateur et PDG de NVIDIA, Jen-Hsun Huang[13]. Ce qui veut dire que plus les véhicules parcourent de kilomètres, plus les logiciels apprennent, plus ils sont performants. Il ne faut donc pas penser que ce cerveau artificiel est développé une bonne fois pour toutes… Comme le cerveau humain, il évoluera grâce à toutes les données acquises durant les kilomètres parcourus et la puissance de calcul continuera d'évoluer dans les prochaines années, pour NVIDIA, Tesla, le chinois Baidu ou d'autres concurrents.

La robomobile : le premier véhicule qui parle constamment

Les robomobiles n'ont pas besoin de connexion à Internet pour fonctionner de manière indépendante. Comme je viens de l'illustrer, les robomobiles sont dotées d'intelligence artificielle, de système d'exploitation et de capteurs qui lui permettent de décider, en son sein, de ses actions. Toutefois, la communication entre les robomobiles, et avec les infrastructures, comme les routes, augmentera les facultés des robomobiles. Elles seront dotées de possibilités dont les humains ne disposent pas pour conduire. La 5G, qui se déploie dans tous les pays avancés, permet de réduire le temps de transmission des données, entre l'émetteur et le récepteur. Avec une latence de moins de trois millisecondes, l'échange de données direct entre objets mobiles à grande vitesse, comme les voitures, devient possible. Il faut savoir que la latence était respectivement, avec la 3G et la 4G, de 80 puis 20 millisecondes[14]. Les

13. « NVIDIA Annual Investor Day », 12 avril 2021 : s22.q4cdn.com/364334381/files/doc_presentations/2021/04/v2/NVIDIA-Investor-Day-2021-FINAL.pdf
14. Timotheus Höttges, « Always on : the industry of connection », Conférence Bosch Connected World, 15 mars 2017.

robomobiles seront équipées de cartes SIM 5G et elles pourront donc communiquer entre elles.

Aujourd'hui, à un croisement en ville, un être humain n'a de visibilité qu'au dernier moment sur les voies transversales. Il arrive que les feux tricolores dysfonctionnent, ou que de simples panneaux de signalisation comme « Cédez le passage » ou « STOP », se présentent aux conducteurs. Ils doivent s'assurer qu'il n'y a pas d'autres véhicules pour traverser les voies. Grâce à la 5G, les robomobiles pourraient anticiper l'arrivée d'autres véhicules et informer tous les véhicules environnants de leur approche imminente. Une régulation fluide de la circulation et respectueuse du code de la route deviendrait alors possible. En outre, les smartphones équipés de cartes SIM 5G et fonctionnant sur une application de navigation pourraient aussi émettre des informations sur leur positionnement aux autres véhicules.

La 5G offre de nouvelles perspectives pour diminuer les risques, quelles que soient les conditions météorologiques. Toutefois, il faudra que tout un territoire soit maillé avec cette technologie…

Enfin, il est impossible de ne pas mentionner le corollaire à la connectivité à Internet : la cybersécurité. Comme tous les objets connectés à Internet, les robomobiles feront l'objet d'attaques malveillantes. Les constructeurs ont l'obligation de mettre en place tous les outils de protection des échanges de données dans les robomobiles. Il faudra en permanence adapter les solutions face aux menaces. La cybersécurité des robomobiles devra faire l'objet de certification auprès des autorités compétentes, comme l'Agence nationale de sécurité des systèmes d'information[15], en France.

15. Pour en savoir plus sur la cybersécurité et les menaces, consulter le site de l'ANSSI : www.ssi.gouv.fr

En conclusion, la 5G est un plus pour la robomobile, sans que cette dernière ne soit dépendante de la 5G pour son autonomie. Maintenant que nous savons comment fonctionne une robomobile, il est temps de découvrir si ces nouveaux véhicules circulent sur des routes ouvertes à la circulation et si tout le monde peut les emprunter.

4.
2020, l'année du basculement… aux États-Unis

L'année 2020 a été marquée par le coronavirus. Pourtant, au milieu de cette pandémie, des innovations ont vu le jour, comme le vaccin contre la Covid-19. Aux États-Unis, c'est la concrétisation du véhicule autonome… Et la réplique allemande ne s'est pas fait attendre !

Waymo, premier service de robotaxis ouvert au public[1]

Depuis 2017, Waymo, entreprise issue du laboratoire Google X, fait sillonner ses véhicules autonomes dans les rues de l'agglomération de Phoenix. La quatrième génération de véhicules autonomes a été mise en service en 2019, basée sur des Chrysler Pacifica hybrides. En 2019, elle a déjà été la pionnière de trajets entièrement sans conducteur et payants. Toutefois, le service était limité à des routes à grande vitesse dans l'agglomération de San Francisco… Durant l'année 2020, Waymo a assuré de plus en plus de trajets sans être humain

1. Franck Cazenave, « Véhicule autonome : 2020, l'année du basculement… aux États-Unis », *Journal du Net*, 15 février 2021 : www.journaldunet.com/economie/transport/1497059-vehicule-autonome-2020-l-annee-du-basculement-aux-etats-unis/

derrière le volant, pour intervenir en cas de problème du système de pilotage automatique. Cependant, le service était limité à des utilisateurs ayant signé un contrat de confidentialité avec Waymo… Depuis le 8 octobre 2020, Waymo permet à tous les utilisateurs de son application d'utiliser le service de robotaxis à Phoenix. Une partie des trajets est encore réalisée avec un superviseur humain, avec l'ambition de passer prochainement à 100 % des trajets en autonome. La flotte de Waymo est actuellement composée d'environ 600 véhicules autonomes, dont la plupart circulent du côté de Phoenix.

Le bilan sur les routes de Phoenix est le suivant : 10 millions de kilomètres parcourus et dix-huit accidents de la circulation avec des piétons, cyclistes, conducteurs ou avec d'autres objets présents sur la voie. Ces accidents se sont produits dans des conditions de circulation réelles. Waymo assure que personne n'a été gravement blessé lors de ces divers « événements » et que presque toutes les collisions sont du fait d'un autre conducteur, d'un cycliste ou d'un piéton[2]. La performance de Waymo est impressionnante ! Mais, des Cassandre pourraient juger que le service est bien trop limité avec une seule agglomération américaine…

Les règles de circulation ne sont pas les mêmes partout dans le monde

Les règles de circulation routière ne sont les mêmes partout dans le monde… Déjà au niveau de la conduite, certains États ont fait le choix de la conduite à droite et d'autres à gauche

2. Léna Corot, « Waymo fait le bilan : 10 millions de kilomètres et 18 accidents pour ses véhicules autonomes en Arizona », *L'Usine digitale*, 3 novembre 2020 : www.usine-digitale.fr/article/waymo-fait-le-bilan-10-millions-de-kilometres-et-18-accidents-pour-ses-vehicules-autonomes-en-arizona.N1023749

comme la Grande-Bretagne, le Japon, l'Australie ou l'Afrique du Sud. Et les différences ne s'arrêtent pas là : les règles de responsabilité, de conduite, de circulation sur la chaussée, de signalisation et de normalisation des véhicules peuvent varier selon les pays. Il y a bien eu une tentative de normalisation au niveau mondial. La convention de Vienne sur la circulation routière[3], établie en 1968, a été ratifiée par 67 États, en particulier par les États membres de l'actuelle Union européenne, et donc la France. Elle a permis d'harmoniser les réglementations entre États signataires[4]. Toutefois, toute modification de la présente Convention doit faire l'objet de discussions et d'un accord entre les parties signataires. C'est le cas pour les deux premiers niveaux d'automatisation de la conduite (cf. Encadré : Les différents niveaux de conduite autonome, selon la Société internationale des ingénieurs de l'automobile) qui ont entraîné des modifications de la Convention de Vienne.

Le cas d'un véhicule se conduisant sans aucune intervention humaine ne fait pas encore partie des cas prévus par la Convention de Vienne... Dans ce cas, une évolution de la convention reste obligatoire et elle est en cours de discussion.

En revanche, les pays non signataires, comme la Chine et les États-Unis d'Amérique, respectivement premier et second marchés automobiles dans le monde, sont libres de l'évolution de leur propre cadre réglementaire : ils n'ont jamais ratifié la Convention de Vienne. Cette situation réglementaire n'est pas neutre sur la vitesse d'introduction d'innovations et, en particulier, de la robomobile.

---

3. UNECE, *Convention de Vienne sur la circulation routière*, version 1968 amendée en 1993 et 2006 : unece.org/DAM/trans/conventn/Conv_road_traffic_FR.pdf

4. UNECE, Liste des parties contractantes de la Convention de Vienne sur la circulation routière, 1er février 2007 : unece.org/fileadmin/DAM/trans/conventn/CP_Vienna_convention_FR.pdf

Tesla, premier constructeur à concevoir des véhicules numériques[5]

Tout d'abord, Tesla, qui développe et manufacture ses propres moteurs et batteries, a fait le choix de la motorisation 100 % électrique. Ensuite, Tesla ne s'arrête pas à la maîtrise de la chaîne de traction de ses voitures. Le constructeur automobile développe les logiciels de ses véhicules. Par exemple, l'écran multimédia, installé au milieu de la console, contrôle l'ensemble des fonctions de la voiture. Pour Tesla, l'écran est stratégique car il est l'interface avec le client, et en plus, derrière celui-ci, se cache le cerveau électronique du véhicule.

Pour améliorer la qualité de ses voitures et l'accès à des données illimitées, Elon Musk a fait un choix radical : connecter tous ses véhicules à Internet. D'une part, les clients bénéficient de mises à jour des logiciels de leurs véhicules. Ainsi, des bugs de programmation sont éliminés et des améliorations apportées[6]. D'autre part, Tesla remonte des données anonymes de l'utilisation de tous les véhicules, en particulier, de l'« Autopilot », système d'aide à la conduite, avec même des enregistrements des caméras de sécurité… Toutes ces données permettent d'améliorer les logiciels neuronaux de traitement des images pour augmenter les tâches de conduite dévolues à la voiture plutôt qu'à l'humain. En plus des algorithmes, les véhicules sont dotés de puissants cerveaux artificiels, dont le design a été réalisé par une équipe dédiée, au sein de Tesla, depuis 2016.

5. Franck Cazenave, « Tesla, constructeur automobile ou géant du numérique ? », *L'Usine nouvelle*, 18 janvier 2021 : www.usinenouvelle.com/editorial/tesla-constructeur-automobile-ou-geant-du-numerique.N1050064

6. Le client voit toujours son véhicule évoluer, même s'il l'a acheté depuis plusieurs mois ou années. Les véhicules Tesla font dès lors partie du monde numérique, au même titre qu'un smartphone ou une tablette… L'expérience du client évolue donc dans le temps.

Par conséquent, Tesla maîtrise à la fois les logiciels et les microprocesseurs pour produire une intelligence artificielle du niveau d'un conducteur humain !

Enfin, à la veille du réveillon 2020, le possesseur d'une Tesla Model 3, équipée d'une version expérimentale du logiciel Tesla « FSD (Full Self-Driving) » a filmé son voyage entre San Francisco et Los Angeles. Une seule intervention humaine a été enregistrée, pour éviter un débris sur la route, en arrivant vers Los Angeles. Pour le retour, aucune intervention humaine… Ainsi, la Tesla Model 3 a parcouru en totale autonomie les 600 kilomètres qui séparent les deux villes californiennes. Et ce n'est bien sûr qu'un début.

Depuis mars 2021, Tesla accélère son programme de développement du FSD, avec 1 600 véhicules pilotes, conduits à 50 % par des employés de l'entreprise, répartis dans trente-sept États américains, avec la majorité des participants en Californie[7].

Nuro, première robomobile homologuée aux États-Unis

La société Nuro a développé des navettes autonomes de livraison en ville, sans volant, ni pédalier. Fin décembre, la « National Highway Traffic Safety Administration » (dépendant du ministère des Transports) a accordé une dérogation à Nuro pour exploiter ses navettes autonomes, à la vitesse maximale de 40 km/h sur toutes routes, et sans superviseur humain[8]. Le RX2 devient le premier véhicule à obtenir cette autorisation par

7. « California DMV Tesla Robo-Taxi / FSD Notes », *Plainsite*, 6 mai 2021 ; www.plainsite.org/documents/28jcs0/california-dmv-tesla-robotaxi--fsd-notes/
8. NHTSA, « Nuro Inc. ; Grant of temporary exemption for a low speed vehicle with an automated driving system » : www.nhtsa.gov/sites/nhtsa.gov/files/documents/nuro_grant_notice_final-unofficial.pdf

l'État de Californie. En 2021, Nuro a démarré un service de livraison à Houston, dans le Texas. Pour le compte de l'enseigne Domino's Pizza, Nuro livre des pizzas à des clients du restaurateur[9]. Cette innovation alliée au e-commerce et à la livraison à la demande risque de bouleverser plus encore les modes de consommation des Californiens et des Texans, pour démarrer… Ce sera ensuite au tour de tous les Américains, puis des Européens.

La performance de Nuro est telle que le constructeur japonais et premier mondial, en 2020, Toyota, a investi dans Nuro, en mars 2021. Pour la filiale de Toyota, Woven Capital, « Nuro s'est avéré être un véritable leader des véhicules autonomes pour la livraison de marchandises locales. Entre leur technologie de pointe et leurs partenariats puissants avec des marques américaines de premier plan, ils révolutionnent le commerce de tous les jours, le rendant plus sûr et plus efficace. L'entreprise est prête à réussir dans un monde post-Covid, où la livraison sécurisée et conviviale est prisée par les consommateurs[10] ».

En 2021, l'Allemagne réplique pour soutenir son industrie automobile

L'Allemagne veut jouer un rôle de premier plan dans la conduite autonome. Pour stimuler la recherche et le développement, et rendre la mobilité du futur plus polyvalente, plus sûre et plus respectueuse de l'environnement, le gouvernement fédéral allemand a soumis au parlement une loi sur la conduite

9. Dave Ferguson, « Hello, Houston : One Step Towards Bettering Everyday Lives Through Robotics », *Medium*, 12 avril 2021 : medium.com/nuro/nuro-draft-4-a1b4e233362e

10. « Woven Capital makes its first investment, backing Nuro », Woven Planet Holdings, 25 mars 2021 : www.woven-planet.global/news-release/20210325

autonome. Avec la nouvelle loi votée le 20 mai 2021, le cadre juridique permet aux véhicules autonomes (dits de « niveau 4 ») de circuler normalement sur routes ouvertes. Pour rappel, dans le cas du niveau 4, quand le système de conduite automatisée est activé, le conducteur n'a plus besoin de le surveiller. Le système prend en charge le contrôle complet du véhicule, dont les occupants ne sont que des passagers et peuvent vaquer à d'autres activités. Le conducteur peut reprendre le volant dès qu'il le souhaite en désactivant le système de conduite automatisée.

Avec cette loi, l'Allemagne devient le premier pays au monde à intégrer des véhicules sans chauffeur à la mobilité du quotidien. L'objectif est de mettre en service des véhicules dotés de fonctions de conduite autonome en 2022[11]. Avec cette avancée majeure, l'industrie automobile devrait intensifier ses efforts vers la conduite autonome. Comme convenu lors de la troisième réunion entre le gouvernement fédéral et l'industrie automobile, « Action de mobilité concertée », le secteur a l'intention d'utiliser les nouvelles possibilités offertes pour déployer les véhicules automatisés à plus large échelle.

Enfin, la flexibilité est au premier plan avec la loi : l'exploitation de véhicules autonomes est rendue possible pour un maximum de scénarios de mobilité des personnes et des marchandises. Il est clair que l'exploitation est limitée à des zones géographiques définies. Les autorisations sont délivrées individuellement aux exploitants. La présence d'un chauffeur de sécurité toujours prêt à intervenir n'est plus nécessaire, dans le cadre de cette nouvelle loi.

11. Franck Cazenave, « L'Allemagne devient le premier pays au monde à intégrer les véhicules sans chauffeur à la mobilité du quotidien », *Le Monde*, 5 juin 2021 : www.lemonde.fr/idees/article/2021/06/05/l-allemagne-devient-le-premier-pays-au-monde-a-integrer-des-vehicules-sans-chauffeur-a-la-mobilite-du-quotidien_6082974_3232.html

En conclusion, Waymo, Tesla ou Nuro ont démontré que la conduite autonome de véhicules transportant des personnes ou des marchandises devient une réalité. Les États-Unis ont permis l'éclosion de ces entreprises par des financements massifs, le soutien à l'innovation et aussi par l'assouplissement des règles d'expérimentation sur les routes, sans rien concéder sur la sécurité. L'Union européenne et ses champions automobiles, constructeurs et équipementiers, se retrouvent-ils distancés ? Qui gagnera la course au système d'exploitation des robomobiles ? Comme Android et iOS pour les smartphones, seuls trois ou quatre systèmes d'exploitation domineront les robomobiles et les routes du monde entier !

5
Quels systèmes d'exploitation dominneront le monde ?

Dans le smartphone, il y a les dominants, les entreprises qui contrôlent le système d'exploitation (ou « OS »)[1] et les dominés, les fabricants de téléphones. Lors de la bataille des dominants, Nokia, Blackberry et Microsoft ont perdu pour le plus grand profit d'Apple, avec iOS, et Google, avec Android. Les dominés sont Samsung et Huawei, pour les leaders, qui fabriquent sous leur marque des smartphones utilisant Android, et Foxconn qui assemble les iPhones, pour le compte d'Apple. Les fabricants de téléphones doivent se plier aux règles imposées par les détenteurs de systèmes d'exploitation. Pour la robomobile, l'issue risque de ressembler à celle du smartphone. Il y aura les entreprises qui maîtriseront le système d'exploitation et d'autres qui produiront des voitures, sous leurs marques ou pour le compte des dominants. Cette bataille se joue à coups de milliards d'euros par an. En dessous de ce ticket, aucun espoir de faire partie des dominants. Les prétendants sont encore nombreux : Tesla, Waymo, Argo AI, Aurora, Intel et sa filiale Mobileye, et Zoox, pour les américains ; Toyota, Apollo, Xiaomi et Hyundai, pour les asiatiques. Les européens sont en ordre dispersé.

1. Franck Cazenave, *Stop Google…*, *op. cit.*

Tesla fait cavalier seul

Tous les concurrents de Tesla, Argo AI, Aurora, Cruise, Mobileye, Waymo et Zoox ne disposent que de quelques centaines de véhicules pour tester les capteurs avec le cerveau artificiel constitué de la puissance de calcul et du système d'exploitation, dans des situations réelles de conduite. Tesla a fait un choix radical avec la connexion à Internet de tous ses véhicules. C'est absolument crucial ! Tesla remonte des enregistrements des caméras de son système de conduite automatisée, « Autopilot »... Pour améliorer leurs logiciels neuronaux, Tesla comme ses concurrents ont besoin de traiter des millions d'images et de situations pour rendre la conduite complètement autonome. Pour y parvenir, Tesla améliore en continu ses logiciels neuronaux en les entraînant grâce aux millions de véhicules qui lui fournissent des enregistrements des huit caméras présentes autour de la carrosserie de ses voitures. Les enregistrements des caméras sont utilisés pour apprendre aux logiciels à reconnaître des éléments tels que les lignes de voies de circulation, les panneaux et les positions des feux de signalisation. En plus, les situations de conduites exceptionnelles, comme la présence de débris, objets ou animaux, sont transférées vers Tesla pour entraîner les logiciels neuronaux. Enfin, sur le même virage, exigeant, par exemple de la route 101 à San Francisco ou bien la Francilienne en région parisienne, Tesla analyse toutes les trajectoires des conducteurs, pour entraîner ses logiciels selon la conduite préférée du plus grand nombre d'humains.

Enfin, Tesla est le seul constructeur automobile à développer son cerveau électronique qui correspond parfaitement aux exigences de son système d'exploitation. Les autres systèmes doivent s'adapter aux contraintes fixées par NVIDIA ou Intel. Tesla bénéficie ici d'un avantage conséquent Il semble que plus de 10 % des acquéreurs de Tesla prennent le FSD (*Full*

Self-Driving). En 2021, tous les trimestres, plus de 20 000 nouveaux véhicules prennent la route avec le FSD : c'est massif !

Enfin, Tesla, et surtout Elon Musk, ne veut pas utiliser de lidar. Pourtant, sans ce capteur, la perception de l'environnement autour du véhicule est plus difficile. Est-ce un pari gagnant ? Aujourd'hui, des doutes subsistent, même au sein de Tesla. Des conversations le démontre, entre des salariés et des agents de le Department of Motor Vehicles (DMV) de Californie, qui est l'organisme chargé, au niveau de l'État, de l'enregistrement des véhicules et des permis de conduire[2]. Les deux prochaines années permettront de comprendre si Elon Musk était trop optimiste ou visionnaire.

Waymo (ex-Google Car), le pionnier en phase de décollage

Alphabet, la maison mère de Google et Waymo, a enregistré un chiffre d'affaires de plus de 150 milliards d'euros et des profits de plus de 30 milliards d'euros, en 2020. Waymo bénéficie du soutien d'Alphabet et a ouvert son capital à d'autres investisseurs de la Silicon Valley : plus de 4 milliards d'euros, après deux tours de tables, en 2020[3] et en 2021[4]. Aucun constructeur automobile n'a investi dans Waymo, alors que plusieurs financent des solutions concurrentes comme Cruise ou Argo AI. Il faut dire que Waymo fait peur à beaucoup

2. « California DMV Tesla Robo-Taxi / FSD Notes », *Plainsite*, 6 mai 2021 : www.plainsite.org/documents/28jcs0/california-dmv-tesla-robotaxi--fsd-notes/
3. « Waymo raises first external investment round », Waymo, 2 mars 2020 : blog.waymo.com/2020/03/waymo-raises-first-external-investment.html
4. « Transforming mobility with the confidence of world-class investors », Waymo, 21 juin 2021 : blog.waymo.com/2021/06/transforming-mobility-with-confidence.html

d'acteurs de l'automobile[5]. Toutefois, il manque à Waymo une culture automobile et ses propres plateformes de voitures pour tester son système d'exploitation pour robomobile. Pour compenser ce manque, depuis 2018, Google se fournit en véhicules auprès des constructeurs britannique, Jaguar, et italo-américain, FCA, devenu Stellantis, depuis sa fusion avec PSA. Ces constructeurs se sont engagés à utiliser la technologie Waymo, sans plus d'informations publiques sur le degré de coopération. Pour accélérer la diffusion de son système d'exploitation Android, Google avait racheté Motorola. À nouveau, pour accélérer le déploiement des robomobiles Waymo, Alphabet pourrait racheter un constructeur automobile. Avec une capitalisation boursière qui dépasse allégrement 1 000 milliards d'euros, Alphabet n'aurait aucun problème à financer un tel achat.

L'ogre Amazon pointe son nez avec Zoox

Amazon s'intéresse à la livraison par drones, depuis de nombreuses années. En 2020, le géant du commerce en ligne a racheté[6] la société Zoox, une des plus prometteuses de la conduite autonome. En décembre 2020, Zoox a dévoilé sa navette autonome, carrée et parfaitement symétrique avec des coins arrondis. Elle possède des portes coulissantes, en verre, de chaque côté et des roues avec des moyeux argentés. À l'intérieur, une grande cabine ouverte avec quatre sièges confortables se font face. La navette peut rouler dans les deux sens, jusqu'à 120 km/h.

5. Comme expliqué dans mon ouvrage *Stop Google*, dès 2014.
6. « We're acquiring Zoox to help bring their vision of autonomous ride-hailing to reality », Amazon, 26 juin 2020 : www.aboutamazon.com/news/company-news/were-acquiring-zoox-to-help-bring-their-vision-of-autonomous-ride-hailing-to-reality

Amazon pourrait faire une adaptation de la navette Zoox pour la livraison de colis et ses besoins en logistique... Ce serait un sérieux concurrent à Nuro. En tout cas, Amazon et Google investissent dans les robomobiles et viennent bousculer les constructeurs automobiles établis.

Cruise, soutenu par General Motors, fédère de nombreux géants aux États-Unis

Cruise est une start-up fondée en 2013 en Californie. En 2016, le constructeur américain General Motors (GM) a décidé d'accélérer sur la robomobile et racheté l'entreprise pour une somme supérieure à un demi-milliard de dollars (environ 400 millions d'euros)[7]. À cette époque, une centaine d'employés travaillaient dans l'entreprise. Une fois l'acquisition finalisée, en avril 2017, la PDG de GM, Mary Barra, a réussi à fédérer de nombreux acteurs pour financer le développement de la robomobile par Cruise : l'entreprise japonaise Softbank[8], le constructeur japonais Honda, Microsoft[9] et Walmart, premier distributeur au monde (bien plus gros que, par exemple, Carrefour)[10]. Au total, Cruise a déjà reçu près de 10 milliards de dollars[11] de financement (environ 8 milliards d'euros) pour

7. Matthew DeBord, « GM paid a lot less for Cruise Automation than everyone thought », *Business Insider*, 21 juillet 2016 : www.businessinsider.com/gm-cruise-automation-price-2016-7 ?IR=T
8. Andrew J. Hawkins, « GM's self-driving division Cruise raises another $1,1 billion », *The Verge*, 7 mai 2019 : www.theverge.com/2019/5/7/18535194/gm-cruise-self-driving-car-investment-valuation
9. « Cruise and GM team up with Microsoft to commercialize self-driving vehicles », Microsoft, 19 janvier 2021 : news.microsoft.com/2021/01/19/cruise-and-gm-team-up-with-microsoft-to-commercialize-self-driving-vehicles/
10. « Cruise Upsizes Investment round to $2,75B », Cruise, 15 avril 2021 : www.getcruise.com/news/cruise-upsizes-investment-round-to-usd2-75b
11. En 2018, l'entreprise japonaise Softbank investit 2,25 milliards de dollars et GM investit 1,1 milliard de dollars, en plus de l'acquisition de l'entreprise. Puis,

développer sa robomobile. Microsoft et GM entrent, à cette occasion, dans un « partenariat stratégique de long terme » destiné à « accélérer la commercialisation des véhicules autonomes » grâce à des collaborations au niveau de l'ingénierie ou de l'informatique dématérialisée. Avec ses financements, deux constructeurs automobiles – GM et Honda, qui cumulent plus de 11 millions de voitures vendues dans le monde –, un des leaders de l'informatique et du digital à son capital, Microsoft – et le leader de la distribution dans le monde, Walmart, Cruise est un candidat très sérieux pour figurer parmi les OS qui gagneront la bataille.

Argo AI, le challenger soutenu par Ford et Volkswagen

Argo AI est une société indépendante, basée à Pittsburgh, en Pennsylvanie, qui développe des robomobiles. En 2016, la société est cofondée par Bryan Salesky et Peter Rander, vétérans des programmes de conduite autonome de Google et d'Uber. Argo AI a connu une première accélération avec l'annonce d'un investissement de la part du constructeur américain Ford, à hauteur d'un milliard de dollars, sur cinq ans[12]. Avec cet investissement, Ford a pris alors la majorité du capital de l'entreprise. Ensuite, le constructeur allemand Volkswagen (VW) a décidé d'apporter, à son tour, un milliard de dollars de financement,

---

le constructeur automobile japonais Honda investit 750 millions de dollars, plus 2 milliards de dollars sur les douze prochaines années En 2019, Cruise a annoncé percevoir 1,1 milliard de dollars de la part d'investisseurs, sans révéler l'identité de ceux-ci. En 2021, Microsoft, Honda et des investisseurs institutionnels apportent 2 milliards de dollars de financement à Cruise. Cette annonce est suivie, deux mois plus tard, par Walmart, avec d'autres investisseurs et 2,75 milliards de dollars de financement.

12. Brian Salesky, « Why self-driving start-up Argo AI was founded », *Ground Truth Autonomy*, 10 février 2017 : groundtruthautonomy.com/why-we-created-argo-ai/

plus un apport en nature, avec son équipe de 200 collaborateurs qui travaillait sur la robomobile[13]. Cet apport a été valorisé à hauteur de 1,6 milliard de dollars. Ford et VW se retrouvent désormais à égalité en termes de parts du capital, avec, ensemble, la majorité. Toutefois, avec 2 milliards de dollars de financement, Argo AI dispose de cinq fois moins d'argent que Cruise. De nouveaux financements dans les prochaines années et l'intégration d'autres grands investisseurs seront nécessaires pour faire rayonner l'entreprise. Même avec deux grands constructeurs automobiles à son capital, Argo AI pourrait ne pas faire partie des gagnants de la lutte pour la suprématie sur le véhicule autonome. D'ailleurs, Volkswagen a révélé son projet « Trinity » de véhicule de nouvelle génération, avec une conduite autonome de niveau 4[14]. L'arrivée sur les routes de « Trinity » est prévue pour 2026. Est-ce que ce ne sera pas trop tard face à Waymo, Tesla et Cruise ?

Toyota passe de la prudence à l'offensive

En 2015, Toyota a commencé par créer le Toyota Research Institute, basé aux États-Unis, pour travailler sur les différents niveaux d'automatisation de la conduite. Le professeur Gill Pratt[15], directeur du programme de robotique à la « Defense Advanced Research Projects Agency (DARPA) », a été recruté pour fonder et développer cet institut. En 2020, Toyota a décidé

13. « Volkswagen AG invests $2,6 billion in Argo AI, Brian Salesky », *Ground Truth Autonomy*, 12 juillet 2019 : groundtruthautonomy.com/our-new-partner-volkswagen-ag-invests-2-6-billion-at-more-than-7-billion-valuation-facilitates-expansion-to-europe/
14. « Project Trinity : With high range, extremely short charging times and revolutionary production, the sedan will launch in 2026 », Volkswagen, 5 mars 2021 : www.volkswagenag.com/en/news/2021/03/project-trinity--with-high-range--extremely-short-charging-times.html
15. Gill Pratt, Toyota Research Institute ; www.tri.global/about-us/gill-pratt/

d'accélérer avec la création d'une filiale « Woven Planet Holdings » dont une des missions consiste à commercialiser les technologies de véhicules autonomes[16]. En mars 2021, Woven a investi dans la société américaine Nuro, qui a reçu la première autorisation officielle du ministère des Transports américain, pour circuler avec ses robomobiles de livraison[17]. En avril 2021, Woven a fait l'acquisition de la division « véhicules autonomes » de la société américaine Lyft, concurrente de Uber[18]. Avec cette acquisition de 550 millions de dollars, le Toyota Research Institute dispose désormais de plus de 1 200 collaborateurs pour développer la robomobile. Le premier constructeur mondial devra poursuivre ses efforts pour rattraper un retard qui semble établi, par rapport à Tesla, Waymo, Cruise et même Argo AI.

Apollo, un concurrent sérieux chinois

Pour faire simple, Baidu est le Google chinois. C'est le moteur de recherche utilisé en Chine, avec d'autres services comme la cartographie. À l'instar de Google, dans les années 2010, Baidu ne pouvait pas rester en dehors de la course à la robomobile, ni d'ailleurs la République populaire de Chine… Lancé en 2017, « Apollo » est devenu un projet fédérateur de véhicule autonome, avec Baidu comme centre de gravité. La flotte Baidu Apollo compte près de 500 véhicules à conduite autonome,

---

16. Toyota Research Institute, « Advanced Development Inc. announces it will expand and improve its operations by forming Woven Planet Holdings and two new operating companies Woven Core and Woven Alpha », Woven Planet Holdings, 28 juillet 2021 : www.woven-planet.global/news-release/20200728
17. « Woven Capital makes its first investment, backing Nuro », Woven Planet Holdings, 25 mars 2021 : www.woven-planet.global/news-release/20210325
18. « Woven Planet Holdings, a subsidiary of Toyota, Announces the acquisition of Lyft's Level 5 Division to Accelerate Software Innovation for Automated Driving Mobility », Woven Planet Holdings, 27 avril 2021 : www.woven-planet.global/news-release/20210427

et bientôt 1 000. À la mi-2020, ces robomobiles ont parcouru plus de 10 millions de kilomètres[19], sans accident, et transporté plus de 210 000 passagers. De même, les cinquante-deux véhicules autonomes de Baidu ont parcouru près de 750 000 kilomètres, à Pékin, durant l'année 2019, sans incident[20]. Toutes ces robomobiles sont équipées d'un cerveau artificielle développé par une filiale de Baidu, Kulun. La première génération disposait de 258 Téra-OPS de puissance de calcul et, la deuxième génération sera deux à trois fois plus puissante[21].

Le système d'exploitation Apollo permet à ses véhicules de conduire de manière autonome sans conducteur. Toutefois, il faut noter un choix différent d'Apollo avec un service de télé-opération, compatible 5G dans ses véhicules. La télé-opération fournit une assistance immédiate, par des opérateurs humains, à distance, lors de situations d'urgence. Ce qui montre que la robomobile Apollo n'est pas tout à fait indépendante puisque des opérateurs humains à distance peuvent décider d'actions sur le véhicule… Baidu prévoit désormais d'investir 7,7 milliards de dollars au cours des cinq prochaines années pour développer ses robomobiles, par sa nouvelle unité Jidu Auto[22]. La division vise à lancer son premier modèle dans trois ans, suivi de nouvelles versions tous les douze à dix-huit mois, a déclaré Xia Yiping, PDG de Jidu Auto.

---

19. « Apollo autonomous driving system will be pre-installed on more car models hitting the market », *Global Times*, 21 avril 2021 : www.globaltimes.cn/page/202104/1221510.shtml
20. « Building self-driving car that people can trust », Baidu – MIT Technology Review, 16 décembre 2020 : www.technologyreview.com/2020/12/16/1014672/building-a-self-driving-car-that-people-can-trust/
21. « Baidu World 2021 : Baidu Showcases how latest AI Innovations Transform Transportation, Industry and daily Life », Baidu, 18 août 2021 : www.prnewswire.com/news-releases/baidu-world-2021-baidu-showcases-how-latest-ai-innovations-transform-transportation-industry-and-daily-life-301358178.html
22. « China Tech Giants bet $19 billion on Global Electric Car Frenzy », *Bloomberg*, 9 mai 2021 : www.bloomberg.com/news/articles/2021-05-09/china-tech-giants-bet-19-billion-on-global-electric-car-frenzy

Les Européens en ordre dispersé et sans stratégie commune

En mai 2021, la Commission européenne a publié un rapport[23] sur ses dépendances stratégiques et les réponses à apporter dans l'avenir pour les réduire. La robomobile, en tant que telle, n'est pas citée dans ce rapport. Toutefois, parmi les secteurs stratégiques figurent les matières premières, et plus spécifiquement le lithium, nécessaire pour les batteries des véhicules électriques. Sur les semi-conducteurs, voici les points émergents de l'analyse de la Commission européenne : « Les semi-conducteurs sont les éléments de base de tous les produits et services numériques. [...] L'Europe n'a pas de fonderies qui offrent la fabrication de composants avec des tailles de caractéristiques inférieures à 22 nm[24]. (TSMC (Taiwan) et Samsung (Corée du Sud) fabriquent des puces à 5 nm.) La base industrielle de l'Europe en matière de semi-conducteurs est faible[25]. » Il est donc plus que probable que les robomobiles européennes utiliseront des semi-conducteurs asiatiques ou américains. D'ailleurs, Tesla propose de licencier ses technologies à des tiers...

En ce qui concerne la partie logicielle et le système d'exploitation des robomobiles, le groupe Volkswagen, plus grand constructeur automobile européen, a décidé d'investir dans Argo AI. Stellantis, qui réunit PSA et FCA, a un accord avec Waymo, renouvelé et accru en juillet 2020[26]. FCA s'est engagé

23. « Strategic dependencies and capacities », Commission européenne, 5 mai 2021 : ec.europa.eu/info/sites/default/files/strategic-dependencies-capacities.pdf
24. Le nanomètre vaut un milliardième de mètre. Le nanomètre est utilisé pour décrire des dimensions à l'échelle de l'atome.
25. *Ibid.*, traduction de l'auteur. Par rapport à son poids économique (près de 23 % du PIB mondial), la part de l'UE dans les revenus mondiaux des puces à semi-conducteurs est d'environ 10 % au total et d'environ 6 % pour les segments de l'informatique et de la communication.
26. « FCA and Waymo Further Expand Autonomous Driving Technology Partnership and Sign Exclusive Agreement on Light Commercial Vehicles »,

exclusivement avec Waymo pour rendre autonomes tous ses véhicules. Renault travaille de manière indépendante avec une expérimentation à Rouen et, avec Waymo, pour proposer une liaison entre Roissy[27] et La Défense, pour les Jeux olympiques de 2024. Pour sa part, BMW a construit son propre campus à Munich. Le constructeur bavarois a noué ses propres partenariats, en particulier avec Intel et Mobileye. L'autre marque premium allemande, Mercedes, a fait d'autres choix avec d'autres partenaires.

Les Européens, une fois encore, travaillent en ordre dispersé sur le système d'exploitation de la robomobile. Il faudrait éviter que l'histoire ne se répète comme dans les smartphones. L'entreprise finlandaise Nokia était le leader mondial du téléphone mobile. Elle n'a pas su prendre le virage du smartphone et elle a complétement disparu, rachetée par Microsoft… À méditer pour l'industrie automobile européenne, car « la valeur fondamentale des voitures à l'avenir sera leur intelligence[28] », a déclaré le PDG de Jidu Auto, filiale de Baidu, Xia Yiping. Pour ce qui est de la robomobile, le PDG a ajouté : « Plus une entreprise planifie tôt, plus elle acquiert de contrôle sur des technologies développées par elle-même, plus elle dispose de technologies avancées, plus elle détiendra de pouvoir sur le marché[29]. »

Stellantis, 21 juin 2020 : media.stellantisnorthamerica.com/newsrelease.do ?id=21873&mid=

27. Léna Corot, « Renault lance la phase 2 de ses expérimentations de véhicules autonomes », *L'Usine digitale*, 16 septembre 2021 ; www.usine-digitale.fr/article/renault-lance-la-phase-2-de-ses-experimentations-de-vehicules-autonomes.N1141077

28. « China Tech Giants bet $19 billion on Global Electric Car Frenzy », art. cité.

29. *Ibid.*

6
Au-delà des robomobiles, d'autres véhicules autonomes…

La robomobile est l'alliance entre le robot et la mobilité. Par conséquent, les technologies développées pour la robomobile peuvent s'appliquer pour d'autres moyens de transport terrestre. Ainsi, les capteurs qui permettent de comprendre l'environnement, le cerveau électronique et le système d'exploitation sont utilisables pour tous les moyens de transport : les véhicules légers de transport, les camions, les trains, les bateaux et les drones pour le transport de personnes et de marchandises. Cette décennie verra l'introduction de nouveaux moyens de transport autonomes. Certains pays s'empareront plus rapidement que d'autres de ces nouvelles possibilités…

La livraison du dernier kilomètre révolutionnée

En ce qui concerne la livraison du dernier kilomètre, elle est devenue un enjeu avec le développement du e-commerce et de la livraison en moins d'une heure. En plus des courses, de plus en plus de ménages se font livrer des plats préparés par des restaurants. Avec les différents confinements liés au coronavirus, ce mode de consommation de plats à la maison a explosé. Des entreprises comme Frichti, Yper, UberEats, Stuart ou Deliveroo utilisent des livreurs, la plupart à vélo. Pour des plats à livrer, cette solution fonctionne, mais pour les courses d'une famille, c'est plus difficile en vélo, même avec un vélo-cargo. En plus, toutes les entreprises de livraison opèrent dans les métropoles. Dans les villes moyennes et petites, il y a rarement un service disponible. Or des supermarchés pourraient très bien offrir ce service de livraison. C'est la raison qui motive le plus grand distributeur au monde, Walmart, à investir dans ce service de livraison. Depuis 2020, Walmart a lancé la livraison « express » à plus de 2 800 magasins, atteignant plus de 65 % des foyers américains. En novembre 2020, Walmart s'est alliée à Cruise pour effectuer des livraisons, en navette autonome et électrique, à Scottsdale, en Arizona[1]. Clairement, Walmart tente de répondre à Amazon, qui prend toujours plus de place dans la distribution de biens auprès des ménages américains.

D'autres acteurs travaillent sur des navettes autonomes de transport de marchandises, comme le premier constructeur automobile mondial, Toyota. En janvier 2018, lors du grand événement des nouvelles technologies, le Consumer Electronics Show, à Las Vegas, Toyota avait dévoilé son concept e-Palette[2]. Depuis, Toyota a même investi dans la société américaine Nuro, dont j'ai parlé précédemment, car elle a déjà reçu l'autorisation du ministère des transports américain, de circuler sans opérateur de sécurité, depuis 2020.

Finalement, Nuro, Cruise, Waymo ou Toyota investissent sur la livraison du dernier kilomètre pour transformer le commerce et la distribution, avec des navettes autonomes et électriques.

1. « Walmart Teams Up with Cruise to Pilot All-Electric Self-Driving Delivery Powered by 100 % Renewable Energy », Walmart, 10 novembre 2020 : corporate.walmart.com/newsroom/2020/11/10/walmart-teams-up-with-cruise-to-pilot-all-electric-self-driving-delivery-powered-by-100-renewable-energy
2. « Toyota dévoile un écosystème de mobilité autour du véhicule e-Palette Concept au CES 2018 », Toyota Motor Corporation, 9 janvier 2018 : media.toyota.fr/e-palette-concept-ces-2018/

Walmart investit, et ses grands concurrents au niveau mondial, Tesco, Aldi ou Carrefour, devraient lui emboîter le pas.

Le transport de marchandises bientôt impacté

La déclinaison des robomobiles va également toucher les camions. Tout d'abord, une grande partie du transport routier se déroule sur des autoroutes. La conduite automatisée est déjà autorisée par le nouveau référentiel onusien, dans les embouteillages et à moins de 60 km/heure. Sous l'impulsion de l'Allemagne, la conduite automatisée jusqu'à 130 km/heure devrait devenir la norme onusienne, sur autoroute. Par conséquent, le conducteur pourra enclencher le système de conduite automatisée sur autoroute et laisser le camion se conduire tout seul. L'impact de cette première évolution est déjà gigantesque puisque les conducteurs doivent observer des temps de repos obligatoires. Qu'en sera-t-il lorsque le camion se conduira tout seul ? Les gains de productivité seront importants. D'après le Conseil national routier, 28 % des coûts de transport par camion proviennent des coûts de personnel de conduite[3]. C'est le premier poste de dépense devant les coûts de carburant qui représentent presque 25 % de l'exploitation d'un camion, avec une consommation moyenne supérieure à 30 litres aux 100 kilomètres. Par conséquent, les coûts seront abaissés et surtout la fatigue des chauffeurs sera réduite. D'ailleurs, il est de plus en plus difficile de trouver des chauffeurs routiers. Dans de nombreux pays, la pénurie devient patente, comme aux États-Unis[4]

3. « Enquête CNR longue distance », CNR, 17 décembre 2020 : www.cnr.fr/enquete-cnr-longue-distance-2019
4. Chris Isidore, « Truckers are getting big hikes, but there's still a shortage of drivers »,CNN, 21 mai 2021 : edition.cnn.com/2021/05/29/economy/truck-driver-shortage-pay-hikes/index.html

et en Europe[5]. La vie des chauffeurs routiers n'est pas simple, avec la pression de la livraison et la vie solitaire… Les camions autonomes permettront, progressivement de pallier cette situation.

L'étape suivante est l'automatisation complète de la conduite du camion sans la présence de conducteur humain dans la cabine de pilotage sur les autoroutes. Waymo et le plus grand producteur de camions au monde, Daimler, ont signé un partenariat en 2020, pour permettre aux camions Daimler d'être autonomes[6]. Dans les prochaines années, sans doute en commençant par les États-Unis, des camions Freightliner, filiale américaine de Daimler, circuleront de manière autonome. Pour les États-Unis, cela se traduira par une révolution du transport de marchandises. L'Union européenne suivra ce mouvement, à commencer par l'Allemagne, qui possède deux entreprises leaders du camion : Daimler Trucks et Traton.

Toutefois, la surprise pourrait venir, une fois de plus, des États-Unis, avec Tesla et son camion, le Tesla Semi[7]. Cette nouvelle motrice est 100 % électrique, avec une autonomie de plus de 800 kilomètres, diminue drastiquement les coûts d'exploitation par rapport à un moteur diesel. En outre, le FSD (*Full Self-Driving*) sera disponible sur le Tesla Semi permettant de bénéficier d'une conduite automatisée sur autoroute. La commercialisation est attendue en 2022, avec des commandes de la plupart des grandes entreprises logistiques et de distribution, comme Walmart.

5. « Driver shortage : a global issue », IRU : www.iru.org/who-we-are/where-we-work/europe/driver-shortage
6. « Strategic partnership : Daimler Trucks and Waymo », Daimler, 27 octobre 2020 ; www.daimler.com/investors/reports-news/financial-news/20201027-dt-and-waymo.html
7. Pour plus d'informations sur le Tesla Semi, voir en ligne : www.tesla.com/semi

Le transport routier va donc vivre deux révolutions en même temps : le passage du diesel à l'électrique et l'automatisation de la conduite.

Le transport ferré de marchandises et de personnes révolutionné

Le train n'échappe pas à cette révolution. D'une part, les trains circulent sur des voies dédiées, et automatiser la conduite est plus simple que sur route. Il y a une signalisation spécifique qui communique déjà avec les trains. D'autre part, les vitesses sont plus élevées que pour les voitures ou camions. La vitesse d'exploitation d'un TGV peut grimper à plus de 300 km/heure. Par conséquent, les capteurs embarqués au niveau de la motrice doivent avoir un champ de détection plus élevé que pour les voitures.

Parmi les gains attendus du train autonome, une économie d'énergie de plus de 15 % par rapport à la conduite humaine[8]. Pour Amine Arezki, expert du train autonome chez Thales, la mise en circulation de trains autonomes est l'une des solutions envisagées par les opérateurs ferroviaires pour « réduire les coûts d'exploitation, améliorer la ponctualité et le rendement de lignes existantes en y faisant circuler plus de trains ». Le train autonome offre la promesse de fluidifier le trafic de façon à permettre « une meilleure régularité et une plus grande ponctualité des trains »[9]. Il sera également possible de densifier le trafic tant pour le transport de passagers que de marchandises.

8. « La SNCF annonce un train sans chauffeur pour 2025 », *Détours*, 5 mai 2020 : detours.canal.fr/la-scnf-annonce-un-tgv-sans-chauffeur-pour-2025/

9. Rémy Decourt, « Trains autonomes : quels seront les avantages pour les usagers ? », *Futura Sciences*, 15 décembre 2020 : www.futura-sciences.com/tech/actualites/trains-trains-autonomes-seront-avantages-usagers-78217/

En outre, des concepts innovants de petits trains autonomes émergent, comme le Taxirail[10]. Ce dernier change le paradigme du rail en assurant rentabilité et service attractif pour les lignes de desserte fine du territoire, indispensables au service public et à l'aménagement du territoire mais, actuellement, structurellement déficitaires et mises à l'index par le rapport de Jean-Cyril Spinetta, sur l'avenir du transport ferroviaire[11]. La robomobile sur la route et le Taxirail permettront la décarbonation des transports du quotidien et la réduction de l'utilisation de la voiture individuelle. Ce sont les chaînons manquants des transports publics et j'y reviendrai dans la deuxième partie du livre. Assurément, l'avenir du transport passe par le rail, avec le train autonome et toutes ses déclinaisons comme le Taxirail. Les premiers prototypes sont attendus pour 2023, avec la SNCF en chef d'orchestre de la filière[12].

Les transports fluvial et maritime bouleversés

La plupart des métropoles mondiales (Paris, Londres, New York, Shanghai…), des agglomérations françaises (Bordeaux, Lille, Lyon, Nantes, Strasbourg, Toulouse…) et de nombreuses villes médianes sont construites autour des berges d'un fleuve, ou d'un cours d'eau. Bien souvent, ces voies navigables sont sous-exploitées, aussi y a-t-il un intérêt à développer le transport fluvial, de personnes comme de marchandises.

---

10. « Le Taxirail », France Mobilités, 21 février 2020 : www.francemobilites.fr/solutions/taxirail
11. Jean-Cyril Spinetta, « L'avenir du transport ferroviaire. Rapport au Premier ministre », 15 février 2018 : www.ecologie.gouv.fr/sites/default/files/2018.02.15_Rapport-Avenir-du-transport-ferroviaire.pdf
12. « Train autonome : vers une révolution du ferroviaire », SNCF, 27 mai 2021 : www.sncf.com/fr/innovation-developpement/innovation-recherche/trains-autonomes-circuleront-en-2023

Tout a commencé en 2016 avec l'émergence de l'entreprise française Seabubbles qui conçoit et fabrique des bateaux sur foils, de la taille d'une automobile, appelés également « hydroptère ». L'objectif de l'entreprise est de développer des taxis autonomes flottants. Des essais ont eu lieu sur la Seine. Toutefois, la vitesse de navigation fluviale de Paris est limitée à 12 km/h quand une SeaBubble peut atteindre 50 km/h ! Depuis, le fondateur Alain Thébault a pris le large en vendant ses parts de l'entreprise à Mediapps Innovation, un fond lyonnais[13].

De la même manière que le rail, la navigation fluviale est plus simple que la circulation routière. Il y a beaucoup moins de différents types de véhicules. La navigation est très codifiée. L'émergence de navettes fluviales autonomes ne fait guère de doute, dans cette décennie. D'ailleurs, pour le Massachusetts Institute of Technology, les « roboats » représentent la prochaine révolution du transport[14]. Une équipe de chercheurs du MIT a développé la première flotte de bateaux autonomes pour la ville d'Amsterdam. De nouveaux « roboats », plus grands, vont être mis à l'eau en 2021, pour faire évoluer les algorithmes.

Tous ces travaux sont également adaptés à la navigation maritime. Début 2022, un cargo empruntera une route commerciale à fort trafic, sur 380 kilomètres, au Japon, et un porte-containers électrique de 80 mètres de long fera ses débuts en Norvège, avant fin 2021[15]. Avec une batterie de 7 MWh, il a 120 kilomètres d'autonomie avec une vitesse maximale de

13. David Gossart, « Bataille navale autour de SeaBubble », *Tribune de Lyon*, 21 avril 2021 : tribunedelyon.fr/2021/04/21/bataille-navale-autour-de-seabubbles/
14. Rachel Gordon, « Autonomous boats could be your next ride », *MIT News*, 26 octobre 2020 : news.mit.edu/2020/autonomous-boats-could-be-your-next-ride-1026
15. Raphaële Karayan, « Deux expérimentations de cargo autonome en préparation au Japon et en Norvège », *L'Usine digitale*, 3 septembre 2021 : www.usine-digitale.fr/article/deux-experimentations-de-cargo-autonome-en-preparation-au-japon-et-en-norvege.N1137439

13 nœuds. Le navire de 12 mètres de long peut transporter jusqu'à soixante conteneurs.

Les bateaux autonomes auront un impact majeur sur le design, avec un poste de pilotage qui sera complétement revu et abaissé. La consommation énergétique sera améliorée grâce à un design plus performant.

Les drones, une nouvelle solution de transport

En janvier 2016, j'ai été impressionné par la société chinoise Ehang qui a présenté au « Consumer Electronic Show » de Las Vegas un prototype de robomobile des airs. Aucune démonstration n'a été faite pendant le salon aux États-Unis et il fallait seulement se référer au film de présentation, tourné en Chine. Cet engin pèse seulement 200 kilos, porte une paire d'hélices à l'extrémité de chacun de ses quatre bras, avec une vitesse de pointe de 100 km/h. L'unique passager peut seulement programmer la destination qu'il souhaite atteindre, puis la robomobile des airs suit un plan de vol, déterminé depuis un centre de contrôle.

Il n'y a pas qu'en Chine que ce nouveau marché intéresse des entreprises. En Europe, la start-up allemande Volocopter a réussi à obtenir la première autorisation de vol de l'Agence européenne de la sécurité aérienne. Avec cette certification, le drone peut désormais être exploité dans une zone à faible risque clairement délimitée, même si elle est située à proximité d'une zone où les opérations de drones sont à plus haut risque, comme une ville ou un stade sportif[16]. L'engin certifié de Volocopter est un aéronef, muni de plusieurs moteurs électriques, capable

16. « EASA issues first approval for defined drones operations to Volocopter », EASA, 24 juin 2021 : www.easa.europa.eu/newsroom-and-events/press-releases/easa-issues-first-approval-defined-drone-operations-volocopter

de voler à 110 km/h avec une autonomie de 35 kilomètres. Airbus travaille également à rendre possible le transport aérien[17] de faible altitude et automatisé. D'ailleurs, lors de l'événement Urbagora, organisé par Megacities Institute[18], Vassilis Agouridas a présenté les efforts d'Airbus en la matière, mais aussi les barrières réglementaires. L'objectif pour Airbus comme Volocopter réside dans l'exploitation de drones pour 2024, avec les Jeux olympiques de Paris en ligne de mire.

Si, dans les airs, il y a moins de trafic, des couloirs de circulation pourraient néanmoins être créés et des capteurs, tels les radars, caméras et lidars, pourront être utilisés par cet hélicoptère des temps modernes afin de se situer précisément par rapport à un bâtiment ou d'autres véhicules et éviter les collisions. Les systèmes d'exploitation et cerveaux électroniques développés pour les voitures autonomes seront adaptés pour les drones de transport. Ainsi, les frontières entre l'automobile, l'aéronautique, le ferroviaire et le maritime vont disparaître car tous ces moyens de transport utiliseront les technologies de l'industrie digitale. Il sera nécessaire de créer des zones d'atterrissage de ces robomobiles volantes pour qu'elles puissent s'intégrer dans les solutions de transport. Des transformations urbaines sont à prévoir, notamment en ce qui concerne la pollution, qui sera abordée dans la deuxième partie de l'ouvrage, et le bruit générés par ces drones de transport. Il sera dès lors nécessaire d'encadrer leur utilisation et de définir des normes sur cette question. Enfin, il faudra développer des usages de drones qui bénéficient

17. Jamal El Hassani, Mathias Thomsen (Airbus), « Nous testerons nos taxis volants autonomes avec des passagers en 2020 », *Journal du Net*, 8 novembre 2017 : www.journaldunet.com/economie/transport/1204683-interview-mathias-thomsen-airbus-taxi-volant/

18. « Les futures solutions de mobilité grâce aux véhicules autonomes », Urbagora – Megacities Institute, 6 avril 2018 : www.megacities-institute.org/urbagora/

à toute la population. Ce point sera développé dans la deuxième partie du livre, au sein du chapitre dédié aux villes.

En conclusion, le transport de personnes et de marchandises sera bouleversé durant la décennie 2020. Comme nous venons de le voir, des entreprises du monde entier travaillent à rendre autonome tous les moyens de transport. Il est plus que stratégique que des entreprises de l'Union européenne maîtrisent l'ensemble des technologies de la robomobile, en particulier le système d'exploitation et le cerveau électronique. Sinon, tous les acteurs européens de l'automobile, de l'aéronautique, du ferroviaire et du maritime devraient importer des technologies américaines ou chinoises. Ce serait une perte d'autonomie stratégique pour le continent européen…

N'oublions pas toutes les applications que nous ne voyons pas avec des robots qui récoltent ou creusent la terre, d'autres qui manœuvrent des chariots élévateurs dans les entrepôts et enfin des robots extracteurs dans les mines. L'agriculture, la logistique et l'extraction minière ne sont peut-être pas aussi glamour que le transport de personnes. Ce sont toutefois de grands marchés où les véhicules autonomes peuvent faire un travail précieux sans blesser personne ni décevoir les clients sur la qualité de service ou la ponctualité. Ce sont souvent des métiers difficiles pour les humains, et parfois même risqués dans le cas de l'extraction minière. Les robots autonomes ne feront pas tout, tout seuls. Des humains les accompagneront dans leurs tâches par la supervision, la coordination et la maintenance.

7
Éthique et données, de nouvelles questions avec les véhicules autonomes

De nouvelles questions se posent aux États et plus généralement à nos sociétés avec la révolution du numérique qui touche de plus en plus de secteurs économiques.

La première question est l'éthique que nous voulons imposer aux systèmes autonomes et en particulier aux robomobiles. La deuxième question a trait à l'exploitation des données. En Europe, la mise en place du règlement général sur la protection des données n'empêche pas les géants du numérique de piller les données de leurs utilisateurs pour en tirer toujours plus de bénéfices, soit par la publicité soit par la vente de produits. La robomobile va accélérer la numérisation du monde avec les capteurs et la collecte de données sur le trajet des individus. Les possesseurs des OS pourraient tirer avantage de toutes ces données. D'ailleurs, si Google, à travers la filiale Waymo, investit autant d'argent dans la robomobile, ce n'est pas qu'une question de transport…

Quelle éthique pour les robomobiles ?

Pour les hellénistes, l'éthique, c'est avant tout la science de la morale. C'est une réflexion continue sur les valeurs de l'existence, sur la notion de « bien » et, naturellement, la distinction d'avec le mal. Au-delà de sa dimension philosophique, l'éthique vise à guider les actions des individus, en respect des valeurs de notre nation.

Jusqu'aux systèmes d'aide à la conduite, comme le freinage d'urgence ou le régulateur adaptatif de vitesse, l'humain restait maître du véhicule, par ses décisions. Ces aides à la conduite permettent uniquement un confort, dans le cas du régulateur, et de la sécurité, avec le freinage d'urgence, pour pallier la déficience du conducteur. Déjà, cette dernière solution technologique est intrusive. Pour sauver les vies des personnes présentes dans l'habitacle, le véhicule peut décider de freiner brusquement et fortement dans le but d'éviter ou de diminuer les dommages d'un accident. L'intelligence embarquée du véhicule analyse la vitesse et la probabilité de collision avec des obstacles. Si la probabilité est trop élevée, un freinage d'urgence est opéré par le véhicule. Cette solution technologique a été introduite dans la plupart des véhicules commercialisés en Europe, sans aucun débat éthique. Pourtant, elle pose déjà des questions. Par exemple, pour éviter une collision avec le véhicule se situant devant, avec un freinage d'urgence, le conducteur humain du véhicule qui suit le vôtre sera surpris et risque de ne pas avoir la vitesse de réaction cognitive suffisante pour éviter, à son tour, une collision. Donc, pour éviter une collision, le freinage d'urgence peut en créer une autre ! Une différence subsiste et elle est de taille : avec le freinage d'urgence, vous évitez une collision pour laquelle vous auriez été responsable… Le conducteur qui vous percute à l'arrière est lui responsable de la collision, aux yeux des autorités publiques et des assureurs.

La robomobile dépasse très largement cet exemple du système de freinage d'urgence. Le cerveau électronique avec son système d'exploitation décide, à tous les instants, des actions du véhicule. Les actions doivent respecter le code de la route en vigueur dans le pays. Le code de la route représente le droit. C'est la boussole. Toutefois, le code de la route ne règle pas toutes les situations auxquelles la robomobile doit faire face. Et quand le droit disparaît, l'éthique doit guider les décisions de la robomobile…

Nous devons penser au-delà des aspects technologiques pour définir la place de l'homme dans l'ère des machines autonomes et de l'intelligence artificielle, dont les progrès seront constants.

Installer un comité d'éthique en France et pour l'Union européenne

L'Allemagne se prépare à la circulation de robomobiles, sur toutes ses routes, dès 2022[1]. En mai 2021, une loi a été votée pour préparer les aspects techniques, à l'introduction des robomobiles. Toutefois, les aspects éthiques n'ont pas été abordés par la loi. Au-delà du respect du code de la route, quelles seront les règles éthiques suivies par les robomobiles ? Il n'est pas possible de laisser uniquement les entreprises qui développent ces véhicules autonomes décider pour le reste de la société, sans débat !

Dans un premier temps, je pense qu'il est nécessaire d'installer un comité d'éthique, en France. Notre pays s'est déjà doté d'un comité d'éthique pour la défense qui travaille sur le soldat augmenté et sur les armes autonomes qui pourraient exister dans les prochaines années. Ce comité a pour mission d'« entretenir au profit du ministère, une réflexion éthique approfondie, permanente et prospective, que celle-ci concerne les enjeux liés à l'évolution du métier des armes ou l'émergence de nouvelles technologies dans le domaine de la défense, comme par exemple le recours à l'intelligence artificielle. Il est habilité à faire toutes propositions ou recommandations sur ces questions[2] ».

1. Franck Cazenave, « L'Allemagne devient le premier pays au monde à intégrer les véhicules sans chauffeur à la mobilité du quotidien », art. cité.
2. Le comité d'éthique de la défense : www.defense.gouv.fr/portail/enjeux2/le-comite-d-ethique-de-la-defense

Les bouleversements que les différents types de véhicules autonomes vont entraîner dans les transports routiers, ferroviaires, maritimes et aéronautiques ne peuvent faire l'impasse sur les questions éthiques. Ce Comité d'éthique des transports autonomes devrait réunir des experts de nombreux domaines, au-delà des transports : sciences dures, sociologie, philosophie, histoire, médecine, etc. Sans ces différents domaines et sans une variété de personnalités, la légitimité du comité pourrait être remise en cause. Enfin, nous devons militer pour l'instauration d'un comité d'éthique au niveau européen. Ainsi, les robomobiles ne s'arrêteront pas de circuler à la frontière ! Nous devons donc adopter un socle commun de règles éthiques communes. Et c'est possible… car la Charte des droits fondamentaux a été adoptée en 2009. Elle dispose d'une portée juridique identique à celle des traités. Elle comporte cinquante-quatre articles consacrant les droits fondamentaux des personnes au sein de l'Union européenne, répartis entre six valeurs individuelles et universelles constituant le socle de la construction européenne : dignité, liberté, égalité, solidarité, citoyenneté et justice[3].

Dans un deuxième temps, il me paraît nécessaire d'impliquer l'ensemble de la société sur cette question. La création d'une convention citoyenne sur les transports autonomes (CCTA), serait nécessaire, pour dépasser les débats d'experts. Bien évidemment, le Comité d'éthique des transports autonomes aurait un rôle de conseil, et même de référent auprès de la CCTA. Il ne faut pas avoir peur du dialogue avec les citoyens. Les participants sont tirés au sort et représentent assez bien notre pays. Ils poseraient une grande partie des questions que les Français se posent eux-mêmes. L'éthique doit se situer au centre des futurs débats car les algorithmes des véhicules de transport

3. « Qu'est-ce que la Charte des droits fondamentaux de l'Union européenne ? », *Vie publique*, 4 mars 2021 : www.vie-publique.fr/fiches/20322-quest-ce-que-la-charte-des-droits-fondamentaux-de-lunion-europeenne

autonomes doivent prendre des décisions complexes, comme le conducteur ou le pilote, selon de nombreux paramètres. Il ne faut pas oublier que ces algorithmes prennent des décisions sur des probabilités, que leur environnement peut évoluer de façon imprévue et, en raison de leur complexité, il est difficile de savoir s'ils se trompent et pourquoi ils se trompent[4].

Les robomobiles captent des données sur les individus

Les smartphones captent déjà les données de géolocalisation des individus. Il est possible, non sans difficultés, de désactiver cette fonctionnalité, suivant les systèmes d'exploitation des smartphones. Les robomobiles, opérées par des acteurs privés, pourraient capter des données de déplacement des individus. C'est déjà le cas lorsque nous faisons appel à un service de voiture de tourisme avec chauffeur (VTC). Cette captation des données personnelles devrait être plus encadrées encore que par le règlement général sur la protection des données. L'anonymisation des données devrait être la règle. Sinon, des entreprises privées et même des États pourraient connaître, en temps réel, les déplacements des individus.

Dans le cas d'un service public, même s'il est opéré, en délégation, par une entreprise privée, la captation des données de déplacement devrait être purement interdite. Aujourd'hui, si vous prenez un bus ou un tramway ou bien un métro, le délégataire du service public ne peut pas tracer le trajet de chaque individu. Cette règle devrait être sanctuarisée afin de laisser le droit à chacun de se mouvoir sans possibilité de se voir suivi

4. Boris Babic, I. Glenn Cohen, Theodoros Evgeniou et Sara Gerke, « Lorsque le *machine learning* déraille », *Harvard Business Review France*, juin-juillet 2021 : www.hbrfrance.fr/magazine/2021/06/35762-quand-le-machine-learning-deraille/

numériquement... De manière opérationnelle, il faut empêcher la seule utilisation du smartphone pour payer un service de mobilité. Une carte de transport, séparée du smartphone, devrait perdurer pour autoriser la dissociation entre l'utilisation du transport et l'accès à des données de géolocalisation à travers le smartphone.

Le monde physique sera constamment numérisé par les robomobiles

Les robomobiles sont bardées de capteurs qui pixellisent leur environnement et tous les objets en mouvement. Ces véhicules savent récolter des données qui peuvent intéresser de nombreux acteurs... Par exemple, fin octobre à 19 heures, il commence à faire nuit, le capteur de luminosité fait allumer les feux de la voiture ; sous une pluie battante, les balais d'essuie-glaces des voitures entre l'A13 et l'A14, à l'ouest de Paris, s'activent à forte puissance ; sur la N118, tous les ESP des voitures se déclenchent sur la voie de gauche au kilomètre 12, en présence d'une plaque de verglas... Toutes ces informations ont de la valeur pour les usagers et administrations des villes et même les forces d'intervention[5]. Google Maps servira de plateforme de collecte des données à partir de multiples sources : smartphones, voitures et villes. Avec un traitement des données dans son cloud et avec ses algorithmes, Google contextualisera les données et les distribuera aux utilisateurs de Google Maps, sur smartphone ou sur l'écran de la voiture. Google Maps offrira alors une représentation dynamique de l'environnement routier, améliorant l'expérience de conduite. Tesla peut aussi utiliser les millions

5. Franck Cazenave, « Google, star du Mondial de l'automobile de Paris 2016 », 7 novembre 2016.

de véhicules de sa marque pour offrir exactement les mêmes fonctions.

Par exemple, les robomobiles peuvent détecter des problèmes sur l'infrastructure, comme la présence de nids de poule, le manque de marquage au sol, le manque ou la dégradation d'une signalisation. Les robomobiles peuvent compter le nombre de voitures sur chaque parcelle de route. Il est donc possible de connaître la fréquentation routière. Il sera même possible d'identifier quel type de voitures emprunte telle ou telle voie : la fréquentation des routes sera donc qualifiée précisément. D'ailleurs, au-delà des données liées à la route, les robomobiles seront en capacité de compter le nombre de voitures présentes sur le parking des magasins et des zones commerciales. Imaginez Google croiser ses données avec celles des robomobiles Waymo. Google pourrait précisément connaître l'affluence d'un magasin ou d'une zone commerciale et comparer la fréquentation par rapport à la semaine ou à l'année précédentes. Google pourrait même offrir, contre rémunération, de ramener des clients vers un centre commercial en cas de manque de fréquentation... Ces exemples pouvaient, il y a encore quelques années, paraître de la science-fiction. Aujourd'hui, avec l'arrivée de la robomobile et la transformation du commerce, il semble difficile de réfuter ces idées. Les données des robomobiles représentent un enjeu commercial crucial. Ceux qui les contrôleront détiendront un avantage sur tous les acteurs économiques. Il serait donc nécessaire d'établir d'ores et déjà des règles qui permettent l'accès, même contre rémunération, à ses données.

En conclusion, l'arrivée des robomobiles et autres véhicules autonomes dans les transports est inéluctable. Nous devons préparer la société, les Français et les Européens à ce bouleversement de nos repères. Le code de la route n'est pas suffisant pour définir l'utilisation des robomobiles. Des règles d'éthique sont nécessaires. Elles devraient être proposées par un Comité d'éthique des transports autonomes. Une convention citoyenne permettrait d'élargir le débat à toute la société car les transports sont l'affaire de tous...

Enfin, les données doivent être également au cœur de la réflexion et des décisions des Français et des Européens. Nous ne pouvons plus accepter de se faire piller les données des utilisateurs ou des robomobiles par quelques entreprises. Elles détiennent ensuite une position dominante, dont elles abusent, si nous considérons les expériences passées sur les moteurs de recherche ou les smartphones (cf. Poursuites et condamnations pour abus de position dominante par la Commission Européenne).

Conclusion

Durant plus d'un siècle, la voiture a permis la mobilité des personnes et également des marchandises, avec ses déclinaisons en véhicule utilitaire léger et camion. Toutefois, le nombre croissant de tués sur les routes a été jugé inacceptable au fil des ans. En 1972, la France a connu son pic de mortalité sur ses routes avec 18 034 décès[1]. L'année 2020, avec une moindre utilisation de la voiture à cause de l'épidémie de coronavirus, a connu 2 550 morts. Ramené à la population française, le nombre de morts en 2020 est neuf fois moins élevé qu'en 1972. Et c'est toujours trop !

Pour arriver à cette baisse des accidents et des morts sur la route, les pouvoirs publics ont joué leur rôle de sanction des comportements abusifs et de promotion des solutions, à l'instar de la ceinture de sécurité, rendue obligatoire en France le 1er juillet 1973. Les constructeurs et équipementiers auto-mobiles ont investi pour développer de nouveaux accessoires de sécurité : ABS, ESP, airbags, freinage d'urgence, appel d'urgence... Une intelligence artificielle de plus en plus développée assiste le conducteur pour le suppléer, en cas de défaillance. L'ultime étape de ce parcours vers la sécurité est la robomobile.

Au-delà des capteurs, pour remplacer le conducteur humain, les robomobiles sont dotées de cerveaux électroniques artificiels

1. « 1972-2012. Les Français et la sécurité routière, 40 ans de route commune », Sécurité routière, 5 juillet 2012 : www.securite-routiere.gouv.fr/actualites/1972-2012-les-francais-et-la-securite-routiere-40-annees-de-route-commune

et de systèmes d'exploitation. En ce qui concerne les cerveaux artificiels électroniques, les entreprises américaines et asiatiques dominent le marché des microprocesseurs avec TSMC, Samsung, Intel et NVIDIA. L'industrie européenne n'est actuellement pas en capacité de contester cette suprématie. Il reste le système d'exploitation des robomobiles. Dans le passé, le leader du téléphone mobile, Nokia, a été incapable de prendre le virage du système d'exploitation des smartphones, jusqu'à disparaître complètement dans la téléphonie. Les acteurs automobiles et numériques européens agissent de manière dispersée face aux acteurs américains et asiatiques qui se consolident. Les États les plus importants dans l'automobile et les institutions de l'Union européenne devraient réagir avec une stratégie et des financements massifs, en dizaines de milliards d'euros sur la décennie. L'éparpillement des acteurs européens dans différents pays, avec des stratégies nationales non coordonnées, ne permet pas d'accélérer.

Pendant ce temps, l'automobile devient la robomobile. Tous les géants de l'automobile, issus de plus d'un siècle d'un marché qu'ils maîtrisaient, sont concurrencés par de nouveaux entrants, purement électriques et digitaux : Tesla, le premier, suivi du chinois BYD, Rivian, ou de Nikola pour les camions. Et les géants de la révolution d'Internet, Amazon et Google, ne restent pas inactifs. Ils prennent déjà des positions, comme Google avec sa société sœur Waymo ou Amazon avec ses investissements dans Rivian[2], dans PlusAI[3], société spécialisée dans la conduite autonome des camions, et dans Zoox. Apple ne s'est

2. Peter Eavis, « Rivian Gets $1.3 Billion Investment in Electric Truck Venture », *The New York Times*, 23 décembre 2019 : www.nytimes.com/2019/12/23/business/rivian-truck-investment.html

3. Lulu Yilun Chen, Gillian Tan, « Amazon Snaps Up option to Buy Stake in AI Truck-Driving Startup », *Bloomberg*, 21 juin 2021 : www.bloomberg.com/news/articles/2021-06-21/amazon-is-in-talks-to-buy-stake-in-ai-truck-driving-startup-plus

pas encore clairement positionné, malgré l'existence d'un projet de véhicule. Les concurrents chinois Baidu, Alibaba, Tencent, Huawei et Xiomi investissent également dans des solutions chinoises de robomobiles. En plus, comme clairement montré dans cette première partie, derrière la robomobile, tous les moyens de transport deviendront autonomes. Les nouveaux acteurs des systèmes d'exploitation de ces véhicules viendront concurrencer les acteurs établis…

Enfin, en France, comme au niveau de l'Union européenne, nous avons besoin d'affronter les questions éthiques que posent les moyens de transport autonomes, par exemple au travers d'un comité d'éthique, afin de proposer des règles, au-delà de la simple application du code de la route. La création d'une convention citoyenne sur les transports autonomes serait en outre nécessaire pour dépasser les débats d'experts et irriguer toute la société.

Au-delà de la sécurité routière, pourquoi notre société aurait-elle besoin d'une nouvelle automobile ? Est-ce que les interdictions qui touchent l'automobile sont soutenables pour les familles ? Est-ce que la robomobile peut contribuer à réduire l'impact des transports sur le réchauffement climatique ? Est-ce que les robomobiles peuvent donner une nouvelle impulsion au développement des transports publics ? Les villes et la ruralité peuvent-elles bénéficier de la robomobile pour trouver un nouvel élan ?

II

UN NOUVEAU DROIT
À LA MOBILITÉ,
DURABLE ET SOLIDAIRE

Adieu à l'Holocène, l'âge interglaciaire dans lequel la planète a vécu pendant près de 10 000 ans ! L'Anthropocène qui signifie littéralement l'« âge de l'homme », est la nouvelle ère géologique[1]. Les activités humaines ont la capacité de provoquer des modifications importantes de l'environnement terrestre comme le changement climatique, la réduction de la biodiversité avec la disparition d'espèces vivantes, divers types de pollutions.

Les émissions de CO_2 ont un impact déterminant sur le dérèglement climatique. Les transports sont responsables de près de 30 % des émissions totales de CO_2 de l'Union européenne. Parmi ces émissions, 60 % proviennent de la voiture individuelle[2]. Ce sont donc 18 % des émissions totales de l'Union européenne qui dépendent de l'automobile. Les politiques publiques visent à éliminer la circulation des véhicules à moteurs thermiques : mise en place de zones à faibles émissions pour les agglomérations, diminution des émissions de CO_2 pour les véhicules neufs, et interdiction pure et simple, en 2035, de leur vente[3].

1. Il a été popularisé à la fin du XXe siècle par le météorologue et chimiste Paul Josef Crutzen, Prix Nobel de chimie en 1995, et par Eugene Stoermer, biologiste, pour désigner une nouvelle époque géologique.
2. « Émissions de CO_2 des voitures : faits et chiffres » : www.europarl.europa.eu/news/fr/headlines/society/20190313STO31218/emissions-de-co2-des-voitures-faits-et-chiffres-infographie
3. « Un pacte vert pour l'Europe », Commission européenne, 14 juillet 2021 : ec.europa.eu/info/strategy/priorities-2019-2024/european-green-deal_fr#documents

Au XXe siècle, la voiture individuelle a été synonyme de liberté, d'indépendance pour des générations de jeunes adultes, en mal d'émancipation. Aujourd'hui, pour les pouvoirs publics, la voiture individuelle et son moteur thermique, essence ou diesel, représente le monde du pétrole, des émissions de CO_2 et le réchauffement climatique. Les véhicules électriques, avec une batterie ou une pile à combustible à hydrogène, sont promus pour remplacer les véhicules thermiques. Toutefois, ce basculement des moteurs à énergies dérivées du pétrole vers l'électrique doit être financé par les ménages. De nombreux Français auront du mal à faire face économiquement à la nécessité de changer de voiture pour continuer à circuler dans des agglomérations, et même, tout simplement, circuler en voiture. Des pans entiers de la population pourraient être assignés à résidence, faute de pouvoir se payer un véhicule, selon les critères imposés par l'État et les collectivités. La voiture, même d'occasion, se transforme en un luxe que tous les Français ne peuvent pas se payer ! Alors, la mobilité des humains est-elle un droit aliénable par les États et les villes ? La liberté d'aller et venir est une liberté fondamentale, protégée par les articles 2 et 4 de la Déclaration des droits de l'homme et du citoyen.

En fait, le changement de paradigme énergétique devrait amener à reconsidérer la propriété individuelle pour mutualiser, entre les Français, une partie de la charge financière du changement. Car les Français qui ne peuvent se payer au moins un véhicule Crit'air 2, d'ici le 31 décembre 2024, se trouveront exclus du nouveau paradigme énergétique. Il faut donc inventer de nouvelles possibilités de mobilité, respectueuses, à la fois, de l'environnement et des capacités financières des Français. La robomobile (c'est-à-dire, différents types de véhicules autonomes) et le robotrain, peuvent représenter le chaînon manquant des transports publics. Il est nécessaire de trouver une solution moins onéreuse que les trains express régionaux (TER) pour les petites et moyennes lignes. Ainsi, les 3 000 gares françaises pourraient se transformer en pôles multimodaux, en accueillant des robotrains et des robomobiles pour offrir des solutions de mobilité flexible, à bonne fréquence et avec une amplitude horaire satisfaisante.

Les services de mobilités développés sur la base de l'automobile, covoiturage et autopartage, restent marginaux, en particulier pour l'autopartage. Par exemple, Autolib' s'est arrêté[4], après des centaines de millions d'euros de pertes financières, et malgré les subventions des villes, dont Paris. Avec la robomobile, de nouveaux services de mobilité peuvent être réinventés, pour nos territoires, avec une large amplitude horaire et une fréquence suffisante pour attirer les usagers. En plus, sans chauffeur humain, le coût d'exploitation sera financièrement soutenable, avec des subventions pour les transports publics, comme pratiquées aujourd'hui. Les villes deviennent des espaces apaisés. Les campagnes s'offrent un nouvel avenir, en réduisant le nombres de véhicules par ménage. Les transports publics s'ancrent enfin sur tous les territoires avec les robomobiles et robotrains, y compris en ruralité. Enfin, les ménages retrouvent des marges de manœuvre dans leurs budgets. Plutôt que de posséder plusieurs véhicules, en particulier dans les zones rurales, les ménages trouveraient des alternatives, avec la nouvelle offre de transports publics. Il y aurait alors une réduction du parc automobile français. Aujourd'hui, une voiture individuelle reste plus de 90 % du temps garée, même en Île-de-France, avec ses centaines de kilomètres de bouchons quotidiens ! Il est temps d'élaborer un nouveau droit à la mobilité, en le rendant durable et solidaire. Le dernier chapitre sera consacré à un plan de transition, pour tous les territoires, d'ici 2030.

4. « Le service Autolib' s'arrêtera définitivement le 31 juillet », *Le Figaro*, 25 juin 2018 : www.lefigaro.fr/societes/2018/06/25/20005-20180625ARTFIG00051-autolib-pourrait-s-arreter-brutalement-ce-lundi.php

8
Adieu bagnole ! L'automobile, un produit de luxe, même d'occasion

L'automobile a représenté au XXe siècle, pour de nombreuses générations, le moyen de la liberté. Ainsi l'obtention du permis de conduire permettrait l'émancipation des jeunes : ils pouvaient dès lors emprunter la voiture des parents, ou travailler pour s'offrir un véhicule d'occasion. Au-delà de la liberté de circuler qu'elle représentait, l'automobile marquait le passage de l'adolescence à l'âge adulte. Conduire, c'est faire attention aux autres, à tous les usagers de la route et à ceux que le conducteur du véhicule transporte. C'est aussi prendre conscience que la conduite peut mettre en péril sa propre vie. C'est parfois se confronter à sa propre mort.

Avec les nouvelles normes d'émissions des véhicules neufs et les zones à faibles émissions, la voiture est stigmatisée comme agent de l'Anthropocène ; elle doit être abandonnée de force lors des pics de pollution, si elle ne répond pas aux critères fixés par l'État et les agglomérations françaises, de plus de 150 000 habitants. Et la liberté de circuler s'étiolera pour de nombreux Français qui ne pourront s'adapter à une automobile devenue un luxe.

Des véhicules neufs plus chers, avec les nouvelles normes d'émissions d'ici 2030

Avec le soutien du Parlement européen et du Conseil de l'Union, la Commission européenne a décidé de relever les seuils *maxima* d'émission de CO_2 des flottes de véhicules neufs vendus par les constructeurs automobiles. En 2030, l'objectif est de 59 grammes de CO_2 par kilomètre parcouru, soit une diminution de 37,5 % par rapport à 2021. Aujourd'hui, le véhicule le moins émissif de CO_2 en Europe, avec un moteur essence, sans hybridation, atteint 85 grammes de CO_2. Par conséquent, pour atteindre 59 grammes de CO_2, il sera nécessaire qu'au moins 30 % des véhicules neufs immatriculés soient 100 % électriques ou hybrides rechargeables. La différence de coût d'achat entre un véhicule essence et hybride rechargeable, d'un modèle de la même marque, est d'environ 15 000 euros[1]. De même, entre un véhicule essence et 100 % électrique de la même marque, la différence peut atteindre 50 % de plus pour le véhicule électrique[2]. Cette différence est appelée à baisser. Les commentateurs les plus optimistes espèrent un point d'équilibre[3] en 2027… Seulement environ un million de particuliers achètent un véhicule neuf, par an, en France. Combien seront-ils avec ce renchérissement des coûts des véhicules ? D'ailleurs, Luca de Meo, directeur général de Renault, confirme

1. Par exemple, la DS7 « So Chic » Puretech Essence 180 Chevaux vaut 38 800 euros. La DS7 « So Chic » hybride coûte 54 800 euros. Voir les prix sur *L'Argus* : www.largus.fr/fiche-technique/Ds/Ds+7+Crossback/I/2017/Break+5+Portes/Puretech+180+So+Chic+Ba8-1778891.html

2. « Les voitures électriques couteront bientôt moins cher que les essences et diesels », *Le Dauphiné*, 11 mai 2021 : www.ledauphine.com/economie/2021/05/11/les-voitures-electriques-couteront-bientot-moins-cher-que-les-essences-et-diesels

3. Eoin Bannon, « Des véhicules électriques moins chers que les voitures à essence, toutes catégories confondues d'ici 2027 », *Transport & Environment*, 10 mai 2021 : www.transportenvironment.org/press/des-véhicules-électriques-moins-chers-que-les-voitures-à-essence-toutes-catégories-confondues

cette analyse : « Les voitures vont devenir plus chères, il faut l'accepter. Il y a des gens qui ne pourront pas accéder à la mobilité ou à une voiture neuve[4]. »

T. 2 LES DIFFÉRENTES VIGNETTES CRIT'AIR

Niveaux Crit'air	Motorisations alternatives (à l'essence et diesel)	
0	Véhicules électriques (batterie ou hydrogène)	
1	Véhicules à gaz et hybrides rechargeables	
Niveaux Crit'air	**Essence**	**Diesel**
1	Euro 5 et Euro 6 : à partir du 1er janvier 2011	
2	Euro 4 : entre le 1er janvier 2006 et le 31 décembre 2010	Euro 5 et Euro 6 : à partir du 1er janvier 2011
3	Euro 2 et 3 : entre le 1er janvier 1997 et le 31 janvier 2005	Euro 4 : entre le 1er janvier 2006 et le 31 décembre 2010
4		Euro 3 : entre le 1er janvier 2001 et le 31 janvier 2005
5		Euro 2 : entre le 1er janvier 1997 et le 31 décembre 2000

(Source : ministère de la Transition écologique et solidaire)

4. Matthieu Pelloli, Bénédicte Alaniou, Sébastien Lernould et Elena Lebely, « Luca de Meo face aux lecteurs : "Renault va être une locomotive technologique" », *Le Parisien*, 3 juin 2021 : www.leparisien.fr/automobile/luca-de-meo-face-a-nos-lecteurs-renault-va-etre-une-locomotive-technologique-02-06-2021-GQFFYPOV5NCK3BK2L4MZ3QCUO4.php

Les zones à faibles émissions, mode d'emploi

L'autre mesure phare prise par l'Union européenne et déployée par les États membres est la généralisation des « zones à faibles émissions » (ZFE). Ainsi, dans le périmètre d'une ZFE mobilité (ZFE-m), seuls les véhicules les moins polluants (en fonction de leur certificat Crit'air) ont le droit de circuler. Ce sont les communes qui fixent les périodes où la circulation est restreinte, les types de véhicules concernés (voitures, poids lourds, etc.) ainsi que le niveau Crit'air minimum pour pouvoir circuler.

En France, selon la Loi d'orientation des mobilités, dès 2021, ces zones à faibles émissions ont été étendues à dix agglomérations françaises[5]. Lors d'un pic de pollution, tous les véhicules sans vignette Crit'air, et ceux de niveaux 4 et 5 ne pourront plus circuler. Au sein de la métropole strasbourgeoise, les véhicules plus récents de niveau 3 sont déjà interdits. Les départements avec le plus de véhicules non éligibles à la circulation lors de pics de pollution ne sont pas des départements ruraux, ce sont des départements avec une métropole ! Dès 2021, ce sont plus de 158 000 véhicules qui sont interdits de circulation à Marseille, alors que les transports publics sont trop peu développés pour absorber les besoins supplémentaires…

5. Les trois premières agglomérations : l'agglomération parisienne (40 communes dont Paris), la Métropole de Grenoble (27 communes dont Grenoble) et la Métropole de Lyon, rejointes, en 2021, par Aix-Marseille-Provence, Nice-Côte d'Azur, Toulon-Provence-Méditerranée, Toulouse, Montpellier-Méditerranée, Strasbourg, Rouen-Normandie. « Instaurer des zones à faibles émissions pour améliorer la qualité de l'air », ministère de la Transition écologique, 13 janvier 2021 : www.gouvernement.fr/les-actions-du-gouvernement/transition-ecologique/zones-a-faibles-emissions-pour-mieux-respirer-en

TOP 3 DES DÉPARTEMENTS AVEC DES VÉHICULES ROULANT CRIT'AIR 4, 5 ET SANS VIGNETTE[6]

Département	Chef-lieu	Véhicules
Nord	Lille	207.882
Gironde	Bordeaux	159.910
Bouches-du-Rhône	Marseille	158.591

Le coût de la mobilité pèse déjà sur les revenus des Français

Régions de France a mené la dernière étude d'ampleur sur les mobilités du quotidien, en interrogeant plus de 10 000 Français, de 18 ans et plus[7]. Les Français sont toujours dépendants de la voiture, en particulier en zone rurale et périurbaine, et souvent en petite couronne et même dans les centres urbains. Une part importante du revenu mensuel des foyers les plus fragiles est consacrée au budget mobilité, essentiellement liée à la voiture (essence, entretien, assurances, etc.). En moyenne, les Français dépensent 204 euros par mois. L'étude des différents postes de dépense de la mobilité montre que c'est la voiture qui reste le plus gros d'entre eux : 106 euros en moyenne pour la maintenance, 88 euros en moyenne d'essence, 31 euros de péage et 19 euros de coût de stationnement. Surtout, pour tous ceux qui ne peuvent se déplacer qu'en voiture, ces coûts sont aujourd'hui en grande partie incompressibles. D'ailleurs, au sein des foyers les plus fragiles (moins de 1 250 euros nets

6. Données et études statistiques : « Les voitures en circulation au 1er janvier 2020 », ministère de la Transition écologique : www.statistiques.developpement-durable.gouv.fr/382-millions-de-voitures-en-circulation-en-france
7. « Enquête sur les mobilités du quotidien dans les régions françaises », Régions de France et Transdev, 30 septembre 2019 ; regions-france.org/actualites/actualites-nationales/enquete-inedite-mobilite-quotidien/

mensuels par mois), le coût individuel de la mobilité est très élevé : 150 euros en moyenne, soit 12 % des revenus nets. Pour les classes moyennes inférieures (revenu mensuel compris entre 1 250 et 2 000 euros), le coût mensuel grimpe à 183 euros. C'est un budget très conséquent pour toutes ces familles.

Les coûts de déplacement sont encore plus élevés dans le périurbain et dans le rural. En moyenne, les habitants des zones rurales dépensent 215 euros et ceux vivant dans les zones périurbaines doivent s'acquitter de 223 euros, soit 40 euros ou 20 % de plus que la moyenne nationale. Et toutes ces familles sont sans alternatives : pour 65 % des actifs qui l'utilisent, il serait impossible de se rendre au travail sans leur voiture. Alors, comment ces familles pourront-elles financer le changement de véhicule pour circuler dans les ZFE-m ?

Vers l'exclusion des pauvres dans les agglomérations

Avec la Loi climat et résilience[8], « l'instauration d'une zone à faibles émissions mobilité est obligatoire avant le 31 décembre 2024 dans toutes les agglomérations de plus de 150 000 habitants situés sur le territoire métropolitain ». Au total, cela concerne 43 agglomérations[9] métropolitaines, de plus de 150 000 habitants, qui représentent 38,5 millions de Français… et ceux qui n'habitent pas ces agglomérations devront se conformer aux critères pour rentrer au sein de celles-ci. En fait, en 2025, tous les Français seront concernés par les restrictions de circulation des véhicules, selon l'année d'immatriculation. La Loi climat et résilience prévoit que sont interdits de circulation

8. « Loi climat et résilience : l'écologie dans nos vies », ministère de la Transition écologique, 20 juillet 2021 : www.ecologie.gouv.fr/loi-climat-resilience
9. « Villes et communes de France », Insee, 27 février 2020 : www.insee.fr/fr/statistiques/4277602 ?sommaire=4318291#titre-bloc-3

« au plus tard le 1er janvier 2025, les véhicules diesel et assimilés dont la date de première immatriculation est antérieure au 31 décembre 2010, ainsi que les véhicules essence et assimilés dont la date de première immatriculation est antérieure au 31 décembre 2005 ». Tous les véhicules Crit'air 3, 4, 5 et sans vignettes sont concernés, soit 16 millions de véhicules[10]. Presque un véhicule sur deux ne pourrait circuler dans 43 agglomérations françaises. Les contrevenants s'exposent à une amende forfaitaire de 68 euros. Des dispositifs de contrôles automatiques avec des caméras font craindre que l'amende tomberait sur tous les contrevenants, sans aucune chance de passer à travers les mailles du filet... « Trois quarts des automobilistes ne pourront plus circuler. C'est extrêmement brutal. Il faut un temps d'adaptation, de transition, qui soit suffisant », selon Thibaud Philipps, le maire d'Illkirch-Graffenstaden, commune située au sud de Strasbourg et intégrée à la ZFE-m d'Eurométropole[11].

Vers un renchérissement des prix des véhicules d'occasion éligibles aux ZFE-m

Nora, une habitante de Saint-Denis, dans le département de Seine-Saint-Denis, réagit de la manière suivante à la ZFE-m de la métropole du Grand Paris : « Ma voiture m'est indispensable. Avec la crise sanitaire, des gens se sont retrouvés au chômage et ont du mal à payer leur loyer. Comment pourraient-ils changer de véhicule même avec des aides ? Et s'ils reprennent

10. « Données et études statistiques : Les voitures en circulation au 1er janvier 2020 », ministère de la Transition écologique : www.statistiques.developpement-durable.gouv.fr/382-millions-de-voitures-en-circulation-en-france

11. « ZFE : "C'est extrêmement brutal !" », *L'Automobile Magazine*, 28 avril 2021 : www.automobile-magazine.fr/toute-l-actualite/article/29406-zfe-cest-extremement-brutal

une occasion, elle ne sera plus autorisée en 2024. Qui va acheter une voiture qui sera interdite dans trois ans[12] ? »

En 2024, la métropole du Grand Paris a décidé d'interdire l'accès[13] à sa ZFE-m aux véhicules Crit'air 2, soit les diesels après 2011 et les essences avant 2011. Par exemple, un véhicule diesel, acheté en 2017, avec un pot catalytique pour réduire les émissions de polluants, se verra interdire l'accès à la ZFE-m du Grand Paris. Par conséquent, les véhicules essence, produits depuis le 1er janvier 2011, vont devenir les « stars » du marché de l'occasion, car ils sont évalués Crit'air 1. Tous les diesels sont classés Crit'air 2 et plus. Leur attractivité va diminuer drastiquement sur le marché de l'occasion. Un véhicule diesel de 2017 sera déclassé, même s'il bénéficie des meilleurs systèmes de dépollution et d'aides à la conduite, comme le freinage d'urgence ou le régulateur adaptatif de vitesse. Sur le marché de l'occasion, nous verrons donc un véhicule essence de 2012, sans aucune option, valoir plus cher qu'un véhicule diesel de 2017, suréquipé ! Toutefois, un Français qui a acheté un véhicule diesel, en 2017, ne pouvait pas savoir que son véhicule serait interdit de circulation dans la métropole du Grand Paris au moment de son achat. S'il avait été informé préalablement, il aurait peut-être acheté un véhicule à moteur essence. Cet acheteur a payé plus cher son véhicule diesel neuf qu'un modèle essence. En 2024, sept ans plus tard, son véhicule à moteur diesel vaudra moins cher que le même modèle à moteur essence. Il se retrouve puni par un changement de loi. Dans ces

12. Claire Guédon, « Interdiction des véhicules polluants : comment accompagner les ménages les plus modestes », *Le Parisien*, 31 mai 2021 : www.leparisien.fr/info-paris-ile-de-france-oise/transports/interdiction-des-vehicules-polluants-comment-accompagner-les-foyers-les-plus-modestes-31-05-2021-4B33TRZLAVFSLFL46DO3KKWT3M.php

13. « Zone à faible émission métropolitaine », Métropole du Grand Paris : www.zonefaiblesemissionsmetropolitaine.fr

conditions, l'État français et la métropole du Grand Paris ne devraient-ils pas assumer la moins-value à la revente et indemniser le propriétaire ?

Face à cette interdiction de circuler librement avec son véhicule dans 43 agglomérations françaises, en 2025, quelles sont les alternatives proposées par les pouvoirs publics ?

La France bénéficie de plus d'un million de routes asphaltées, entretenues à 98 % par les communes, les départements et l'État[14]. C'est l'infrastructure de transport la plus développée du pays. Dans les transports publics hors bus, selon l'Union des transports publics et ferroviaires, « les rames du mode guidé représentent 14 % dans les services urbains, majoritairement présents dans les réseaux de plus de 250 000 habitants[15] ». Par conséquent, les transports publics, en dehors des routes, n'ont aucune chance d'absorber les besoins de mobilité des propriétaires de véhicules Crit'air 3, 4, 5 ou non classés.

C'est par la route que la mobilité des Français peut se réaliser. Sauf qu'ils possèdent 16 millions de véhicules non éligibles aux ZFE-m et n'auront pas tous les moyens de changer leur véhicule pour un autre, d'ici 2025, répondant aux critères… Crit'air ! Dans la métropole du Grand Paris, les Crit'air 2 seront interdits dès 2024…

Comment lutter contre l'Anthropocène et offrir des solutions de mobilités aux Français, dont la voiture, pour certains, ne pourra plus circuler dans 43 agglomérations ?

---

14. « Faits et chiffres 2020 », URF, novembre 2020 : www.unionroutiere.fr/faitetchiffre/faits-et-chiffres-2020/
15. « Le parc des véhicules des services urbains au 1er janvier 2020 », Union des transports publics, 21 janvier 2021 : www.utp.fr/note-publication/le-parc-des-vehicules-des-services-urbains-au-1er-janvier-2020

9
Réduire la contribution de la mobilité à l'Anthropocène

L'accord de Paris est un traité international juridiquement contraignant sur les changements climatiques. Il a été adopté par 196 parties lors de la COP 21 à Paris, le 12 décembre 2015.

Son objectif consiste à limiter le réchauffement climatique à un niveau inférieur à 2 degrés Celsius et de préférence à 1,5 degré, par rapport au niveau préindustriel[1]. Les activités humaines provoquent des modifications importantes de l'environnement terrestre comme le changement climatique, la réduction de la biodiversité avec la disparition d'espèces vivantes, et divers types de pollution. C'est l'Anthropocène, avec des impacts clairement mesurés : au printemps 2021, les taux de CO_2 dans l'atmosphère[2] ont atteint le seuil emblématique de plus 50 % par rapport à l'ère préindustrielle, à la fin du XVIIIe siècle[3].

---

1. « L'accord de Paris », Nations unies : unfccc.int/fr/processus-et-reunions/l-accord-de-paris/l-accord-de-paris
2. « Mauna Loa carbon dioxyde forecast for 2021 », Met Office, janvier 2021 : www.metoffice.gov.uk/research/climate/seasonal-to-decadal/long-range/forecasts/co2-forecast-for-2021
3. Au XVIIIe siècle, les taux de CO_2 dans l'atmosphère étaient de 278 parties par million (ppm). Début 2021, le service national britannique de météorologie annonce que la concentration moyenne devrait dépasser les 417 ppm au printemps. Le seuil emblématique de plus 50 % par rapport à l'ère préindustrielle est dépassé !

La France, avec la loi relative à la transition énergétique pour la croissance verte[4], s'est fixée un objectif de réduction de 40 % de ses émissions de CO_2 d'ici 2030, par rapport au niveau de 1990. La Commission européenne vient même d'annoncer un plan pour une diminution de 55 %[5]. Pouvons-nous atteindre ces objectifs en moins d'une décennie, au niveau du transport routier ?

Le réchauffement climatique aux impacts multiples

Selon le Groupe d'experts intergouvernemental sur l'évolution du climat (Giec), le réchauffement dû aux émissions anthropiques mondiales, depuis l'époque préindustrielle jusqu'à présent, persistera pendant des siècles. À long terme, il causera d'autres changements dans le système climatique tels que l'élévation du niveau de la mer, avec des impacts associés à ces modifications[6]. Le niveau des océans a augmenté d'environ 20 centimètres depuis 1900 et le rythme de cette hausse a triplé ces dix dernières années sous l'influence grandissante de la fonte des calottes glaciaires. Les scientifiques estiment désormais que le niveau de la mer pourrait gagner jusqu'à un mètre d'ici 2100[7].

Sur les terres émergées, les scientifiques ont par exemple montré que la canicule extraordinaire au Canada en juin 2021, avec des températures frôlant les 50 °C, aurait été « presque

4. « #COP21 : les engagements nationaux de la France » : www.gouvernement.fr/cop21-les-engagements-nationaux-de-la-france-3403
5. « Cadre d'action en matière de climat et d'énergie d'ici à 2030 » : ec.europa.eu/clima/policies/strategies/2030_fr
6. « Réchauffement planétaire de 1,5 °C », Giec, octobre 2018 : www.ipcc.ch/site/assets/uploads/sites/2/2019/09/IPCC-Special-Report-1.5-SPM_fr.pdf
7. « Climate Change 2021 – The Physical Science Basis », Giec, 9 août 2021 : www.ipcc.ch/report/sixth-assessment-report-working-group-i/

impossible » sans le changement climatique[8]. Ces températures extrêmes constituent une menace majeure pour la santé des personnes, des espèces animales et végétales, l'agriculture et l'environnement. Selon les projections actuelles, les impacts du réchauffement climatique sur la biodiversité et l'extinction d'espèces sont immenses. Selon l'auteur Bruno David, « les crises de la biodiversité avancent masquées, en silence. Ces trente dernières années, un quart des oiseaux d'Europe ont disparu et pourtant nous n'avons pas marché sur des cadavres d'oiseaux le long des routes et des chemins. Aujourd'hui, tout laisse à penser que nous sommes à l'aube d'une sixième extinction qui arrive à une vitesse foudroyante : on estime que 500 000 à un million d'espèces sont en train de décliner et que d'ici quelques décennies elles pourraient s'éteindre[9] ».

Enfin et en résumé, selon le Giec, le réchauffement planétaire entraîne la hausse de la température des océans ainsi que l'augmentation associée de leur acidité et la diminution de leur oxygénation. Les risques d'une réduction de la biodiversité marine, de la pêche et des écosystèmes marins, y compris leurs fonctions écologiques et les services qu'ils rendent aux êtres humains (des glaces de mer dans l'Arctique ou des récifs coralliens des eaux chaudes) sont établis. Les conséquences du réchauffement climatique sont multiples et appellent des mesures pour limiter l'impact sur l'humanité et tous les organismes vivants sur notre planète.

---

8. *Ibid.*
9. Bruno David, *À l'aube de la 6e extinction. Comment habiter la Terre*, Paris, Grasset,
2021 : www.grasset.fr/livres/laube-de-la-6e- extinction-9782246820123

Le chemin à parcourir pour l'automobile

Les transports sont responsables de près de 30 % des émissions totales de CO_2 de l'Union européenne. Parmi ces émissions, 60 % proviennent de la voiture individuelle[10]. Ce sont donc 18 % des émissions totales de l'Union européenne qui dépendent de l'automobile.

Regardons le chemin à parcourir. En 2020, dans l'Union européenne, les véhicules neufs vendus génèrent 106,7 grammes de CO_2 par kilomètre[11]. Pour atteindre l'objectif fixé par l'Union européenne, 59 grammes de CO_2 en 2030, il reste à réduire de près de 47 grammes de CO_2 par kilomètre. C'est un objectif absolument impossible à atteindre avec des véhicules à moteur thermique. La Commission européenne a donc décidé d'accélérer avec son « Pacte vert pour l'Europe » et la fin des ventes de véhicules neufs à moteurs thermiques pour 2035[12]. Toutefois, il faudrait atteindre la même réduction des émissions de CO_2 pour l'ensemble du parc automobile français… Autant dire que c'est impossible en restant dans les schémas actuels… Nous devons donc aborder deux questions : comment les Français se déplacent-ils ? Quelles solutions peuvent-elles être mises en œuvre pour atteindre les objectifs de la loi de transition énergétique et de l'accord de Paris ?

---

10. « Émissions de CO_2 des voitures : faits et chiffres » : www.europarl.europa.eu/news/fr/headlines/society/20190313STO31218/emissions-de-co2-des-voitures-faits-et-chiffres-infographie
11. « CO_2. Une baisse record des émissions sur les voitures neuves en 2020 », *L'Argus*, 22 avril 2021 : www.largus.fr/actualite-automobile/co2-une-baisse-record-des-emissions-sur-les-voitures-neuves-en-2020-10600406.html
12. « Un pacte vert pour l'Europe », Commission européenne, 14 juillet 2021 : ec.europa.eu/info/strategy/priorities-2019-2024/european-green-deal_fr#documents

Aujourd'hui : aucune alternative à la voiture individuelle

En France, 25 millions d'habitants vivent dans des communes densément peuplées[13] qui ont accès à des transports publics comme le métro ou le tramway, complétés par des lignes de bus. Et ce n'est pas suffisant pour détrôner la voiture qui reste néanmoins le premier moyen de transport dans ces communes. En outre, près de 45 millions de Français vivent dans des zones urbaines faiblement denses ou des zones rurales… Pour eux, la voiture individuelle est la seule possibilité pour se déplacer. Ainsi, 94 % des ménages habitant les zones rurales ou les zones périurbaines[14] (zones rurales proches des villes) possèdent un véhicule. Et surtout, 74 % des ruraux et 77 % des périurbains utilisent tous les jours leurs voitures pour se rendre au travail, contre 43 % des habitants en centre-ville[15]. Actuellement, les transports en commun ne sont une solution que pour 6 % des ruraux et 10 % des périurbains pour se rendre à leur travail. En moyenne, il serait impossible de se rendre au travail sans leur voiture pour 65 % des actifs, 68 % ne pourraient pas non plus aller à la pharmacie sans leur automobile. Les seniors (les plus de 65 ans) sont les plus dépendants de leur véhicule, notamment pour aller chez le médecin (72 %), à la pharmacie (74 %) ou à la poste (65 %)[16].

De plus, la plupart des ménages modestes (dont les revenus sont inférieurs à 15 000 euros par an) sont équipés d'au moins une voiture. Ils n'ont pas d'autre choix que la voiture pour se déplacer alors que celle-ci grève le budget du ménage : 150 euros

13. « 38 % de la population française vit dans une commune densément peuplée » : www.insee.fr/fr/statistiques/4252859#graphique-figure4_radio1
14. « L'industrie automobile française – Analyse et statistiques 2019 » : ccfa.fr/wp-content/uploads/2019/09/ccfa-2019-fr-web-v2.pdf
15. « Enquête sur les mobilités du quotidien dans les régions françaises », art. cité.
16. *Ibid.*

en moyenne, soit 12 % des revenus nets, pour les ménages avec moins de 1 250 euros mensuels par mois[17]. Et il y a un autre indicateur qui ne trompe pas : le compteur. Il suffit de regarder l'évolution du nombre de kilomètres au compteur pour s'apercevoir que beaucoup de Français ont de moins en moins les moyens de changer de véhicule. Le kilométrage au compteur d'un véhicule du parc s'élève à environ 105 000 kilomètres, soit 35 000 de plus qu'en 1990 ! Les voitures vieillissent avec de plus en plus de kilomètres au compteur, contrairement aux objectifs de réduction du CO_2 pour 2030.

L'enjeu, c'est la réduction de l'utilisation de la voiture individuelle au profit des moyens de transport qui permettent de la densité. Le vélo est une alternative très partielle à l'automobile, même s'il prend une part un peu plus importante dans les déplacements des Français. Actuellement, 12 % des Français de plus de 18 ans et plus utilisent le vélo régulièrement dans leurs divers déplacements[18]. Seulement, pour que les conducteurs abandonnent leurs voitures, ils ont besoin de transports publics fiables avec une amplitude horaire importante, de 6 heures à 23 heures, et une fréquence suffisante. C'est-à-dire qu'un ou deux bus par heure ne suffisent pas ! En outre, le covoiturage et l'autopartage ne se sont pas révélés des alternatives efficaces dans des zones peu denses. Le problème, c'est le coût du chauffeur de bus et la flexibilité.

Demain : réinventer les transports publics de la route avec la robomobile

Depuis plusieurs décennies, la route est le principal support des mobilités individuelles et collectives, tant pour les personnes

17. *Ibid.*
18. *Ibid.*

que pour les marchandises. Elle permet d'assurer 87 % des déplacements de voyageurs et 89 % des transports de marchandises. Plus d'un million de routes asphaltées sont entretenues par les communes et les départements, et les concessionnaires pour les autoroutes. Il paraît donc nécessaire de développer un droit à la mobilité qui ne dépende pas des seules ressources financières des individus. Notre pays devrait développer massivement un transport public sur route, au-delà des 17 000 bus qui roulent en France[19]. En Europe, le nombre total de bus, pour les transports publics et privés, atteint seulement 670 000 unités, alors qu'il y a 270 millions[20] de voitures. La seule solution est le déploiement massif de la robomobile.

Les Français attendent le développement d'une offre de transport en commun. Ils déplorent[21] :

– l'absence de lignes de transport en commun permettant de rejoindre leurs destinations, à 40 % en moyenne, mais à 53 % pour les périurbains et 62 % pour les ruraux ;

– les fréquences de passage trop faibles, les horaires inadaptés, à 35 % en moyenne, 41 % pour les périurbains et 33 % pour les ruraux ;

– l'absence d'arrêt à proximité de chez eux, à 24 % en moyenne, 34 % pour les périurbains et 43 % pour les ruraux.

Nous avons donc besoin de véhicules de différentes tailles (2, 4, 8, 12, 20 places et plus), avec une conduite automatisée, sans chauffeur humain à bord. D'une part, des véhicules assureraient des trajets récurrents, comme des lignes de bus, avec des amplitudes horaires sans contrainte. La RATP[22] teste déjà un bus

---

19. *Ibid.*
20. « Report : Vehicles in use 2021 », ACEA, 20 janvier 2021 : www.acea.auto/publication/report-vehicles-in-use-europe-january-2021/
21. « Enquête sur les mobilités du quotidien dans les régions françaises », art. cité.
22. « Le groupe RATP expérimente un bus 100 % autonome sur une ligne classique, une première ! », RATP, 14 septembre 2021 : www.ratp.fr/groupe-ratp/newsroom/innovation/le-groupe-ratp-experimente-un-bus-100-autonome-sur-une-ligne

autonome sur la ligne 393 qui relie Sucy-Bonneuil à Thiais, soit un parcours de 6 kilomètres, transportant quotidiennement 20 000 passagers. Ce bus autonome, avec un chauffeur de sécurité, est fourni par la société chinoise CRRC. D'autre part, des déplacements à la demande seraient assurés et ils pourraient même être partiellement ou totalement mutualisés, grâce au covoiturage. Nous avons donc besoin de mettre en place des véhicules et navettes autonomes, qui roulent sur les voies de circulation existantes, aux vitesses autorisées.

De tels véhicules existent déjà aux États-Unis. Il est nécessaire que notre pays et les autorités organisatrices de mobilité intègrent la robomobile dans les schémas de déplacement des individus et des options possibles. Depuis la Loi d'orientation des mobilités, les métropoles, communautés urbaines, communautés d'agglomérations, communautés de communes, ou syndicats mixtes peuvent prendre la responsabilité d'organiser les transports publics. Il ne faut pas oublier les régions qui jouent un rôle essentiel sur le financement du train.

Les autorités organisatrices de mobilité peuvent concourir financièrement au développement des mobilités actives, partagées et solidaires, et déployer des robomobiles sous forme de navettes ou de bus. Ainsi, ces autorités ont un rôle essentiel à jouer dans la mise en œuvre de l'accord de Paris pour réduire les émissions de CO_2, Ce n'est qu'en augmentant les offres de transport public, et en recourant notamment aux robomobiles, que de nombreux Français pourront délaisser leur véhicule individuel.

En conclusion, une voiture individuelle est utilisée par ses propriétaires 10 % du temps, même en comptant les bouchons. En fait, 90 % du temps, une voiture reste garée et cet investissement n'est pas productif. Pour réduire l'impact sur le réchauffement climatique, la seule voie possible consiste à réduire, lentement et sûrement, les parcs automobiles français et européens, en concentrant plus de trajets sur des moyens de transport

Une robomobile pour les transports publics (source : ZOOX)

mutualisés. La robomobile opérée en robotaxis et en navettes de transport public représente une alternative crédible. La robomobile est le chaînon manquant pour les transports sur la route. Et pour le rail, le robotrain est la solution pour les petites et moyennes lignes car il pourrait transporter quatre-vingts personnes, comme la moyenne des TER sur ces lignes. La différence essentielle est la masse du robotrain qui serait de 8 tonnes contre 50 tonnes pour un TER[23]. Entre la réduction du parc automobile et le basculement de TER vers des robotrains, une diminution de l'épuisement des ressources de la planète est possible. Alors, comment les transports publics pourraient fonctionner avec la robomobile et son cousin, le robotrain ?

---

23. Olivier Cognasse, « Taxirail, un train autonome et intelligent pour sauver les petites lignes », *L'Usine uouvelle*, 15 janvier 2019 : www.usinenouvelle.com/editorial/taxirail-un-train-autonome-et-intelligent-pour-sauver-les-petites-lignes.N792789

10
Intégrer la robomobile et le robotrain aux transports publics

Pour la route, la robomobile est la solution la plus efficace en termes d'allocation des matières premières et de taux d'utilisation par rapport à la voiture individuelle, pour lutter face à l'Anthropocène. En France, comme dans toute l'Europe, nous avons investi, sur trois siècles, en faveur des infrastructures ferroviaires. Il faut rappeler que le transport ferroviaire est sept fois plus sûr que l'actuel transport routier (sans robomobiles déployées)[1]. Au niveau des émissions de CO_2, par exemple, un voyage en Transilien émet vingt-cinq fois moins de CO_2/km qu'en voiture[2]. Le rail est donc un moyen de transport sûr et énergétiquement efficace. Toutefois, les petites lignes sont délaissées et substituées, de plus en plus, par des bus. Des lignes moyennes sont également menacées ou ne représentent plus des alternatives flexibles à la voiture individuelle. Par conséquent, il est opportun de relancer l'utilisation du rail par un moyen de transport léger et bénéficiant de synergies avec les robomobiles, pour abaisser les coûts d'exploitation, le robotrain. Avec cette innovation, les gares deviendraient les pivots de la

1. Jean-Cyril Spinetta, « L'avenir du transport ferroviaire. Rapport au Premier ministre », *op. cit.*
2. *Ibid.*

mobilité, dans de nombreux territoires, en articulant robotrains et robomobiles.

Le robotrain, le cousin des robomobiles

Le robotrain est plus proche de la robomobile que du train. Tout d'abord, si un robotrain transporte un maximum de quarante personnes[3] par voiture, les moteurs électriques et les batteries peuvent être installés sous le plancher. Les moteurs électriques sont de la même puissance que ceux de certaines voitures électriques. Il suffit d'installer plusieurs moteurs pour atteindre l'énergie suffisante pour déplacer chaque voiture. Les batteries sont identiques à celles des voitures ou camions électriques. Il suffit de revoir l'encombrement pour les optimiser au robotrain. Au niveau de l'autonomie, il sera possible d'atteindre au moins 500 kilomètres, comme les meilleures voitures électriques aujourd'hui disponibles. Par conséquent, les robotrains pourront effectuer de nombreuses rotations sur une même ligne sans être rechargés. Il faut également souligner que le robotrain pourrait être fourni en électricité par l'hydrogène. L'Union européenne et de nombreux pays soutiennent le développement de cette solution pour produire de l'électricité et le robotrain pourrait en bénéficier. La vitesse d'exploitation des robotrains pourrait être supérieure à une centaine de kilomètres par heure. Une limitation à 120 km/h pourrait être envisagée pour offrir un cahier des charges clair aux futurs constructeurs.

Ensuite, j'ai expliqué précédemment comment la robomobile remplace le conducteur humain avec des capteurs, un ordinateur et un système d'exploitation. Comme le robotrain circule

3. Olivier Cognasse, « Taxirail, un train autonome et intelligent pour sauver les petites lignes », art. cité.

sur des rails, il n'y a pas de piétons (normalement), de cyclistes ou motocyclistes à gérer. Il n'y a pas d'intersections ou de priorités, non plus. La signalisation ferroviaire peut être assimilée par le système d'exploitation autonome du robotrain. Il est donc beaucoup plus simple et bien moins cher de développer un système d'exploitation pour un robotrain qu'une robomobile. Et il y a tellement de synergies entre les véhicules électriques et les navettes autonomes qu'un robotrain pourrait voir le jour, à l'échelle industrielle, en moins de trois ans.

En termes d'entretien, comme ce sont des pièces issues de la construction automobile, son coût est réduit par rapport à celui des trains actuels. En plus, il faudrait envisager la possibilité de confier l'entretien des robotrains aux réseaux de garages automobiles existants sur le territoire. Ce serait une voie de diversification pour les réseaux de garages qui vont perdre de l'activité du fait du passage des moteurs thermiques à l'électrique.

En termes d'infrastructure, le robotrain est autonome en énergie puisqu'il embarque les batteries qui stockent l'électricité. Il a uniquement besoin de trouver des bornes de recharge à certaines gares pour faire le plein… Par conséquent, il peut remplacer toutes les motrices diesel actuellement utilisées sur les lignes non électrifiées. En outre, il sera possible d'arrêter l'électrification coûteuse de certaines lignes[4].

Finalement, le robotrain permet d'utiliser l'infrastructure de voies ferrées existantes, en diminuant les coûts de maintenance. En termes de coûts d'exploitation, le robotrain se révèlera beaucoup moins cher que les TER puisqu'il pèsera sept fois moins, et sans besoin de conducteur humain. Les petites lignes redeviennent attractives et même les lignes de fréquentation moyenne gagneront en productivité. Il est temps de réinventer le rail !

---

4. D'après le rapport de Jean-Cyril Spinetta, chaque année, la France dépense 2,75 milliards d'euros dans le renouvellement de voies ferrées et 2,28 milliards d'euros dans l'entretien de celles-ci.

Un Taxirail™ (source : Taxirail / EXID-CD / EXTIA)

Réinventer le rail avec le robotrain

Le transport ferroviaire n'est plus le mode dominant, supplanté depuis longtemps par la voiture. Il joue toutefois un rôle clé dans la mobilité des Français. Chaque jour, 4 millions de voyages sont effectués grâce à 11 000 trains quotidiens. Les « trains du quotidien » (services régionaux conventionnés TER et Transilien) représentent la majorité des déplacements en train. Mais, en termes de trafic, ils représentent seulement un tiers du trafic en voyageurs-kilomètres, alors que les TGV atteignent la moitié des voyageurs-kilomètres.

Dans ces transports du quotidien, apparaissent des disparités énormes. Certaines lignes du RER parisien supportent les trafics parmi les plus denses du monde, alors que les 10 000 kilomètres du réseau les moins circulés ne supportent que 2 % du trafic voyageurs… En 2018, le rapport de Jean-Cyril Spinetta sur l'avenir du transport ferroviaire ne considérait pas une innovation comme le robotrain dans son analyse des « petites lignes »[5]. Il préconisait un redéploiement du ferroviaire sur les activités les plus productives et l'abandon des lignes désertées, au taux de remplissage insuffisant. Ainsi, il notait qu'« un train régional diesel de petite capacité émet plus de CO_2 que trois autocars. Même en considérant le taux de remplissage moyen (25 %) et la capacité moyenne (300 places) des TER en France, soit 75 voyageurs par train, le bilan n'est pas favorable au train, et l'autocar reste plus économe en énergie[6] ». Le rapport de Jean-Cyril Spinetta proposait donc le basculement de nombreuses lignes de TER vers les bus. Désormais, il y a une alternative à prendre en considération : le robotrain. En termes de coûts d'exploitation, le robotrain a besoin de seulement deux voitures pour transporter 80 passagers. Le robotrain est donc moins cher, d'une part, que les TER qui pèsent sept fois plus, et que les bus qui ont besoin d'un conducteur humain, tout comme le TER. De plus, le robotrain est beaucoup plus flexible que les TER et les bus puisqu'il ne faut pas attendre qu'un conducteur vienne prendre son service ou soit remplacé par un autre. Selon Régis Coat, fondateur de la start-up Taxirail, « le train reste indispensable dans nos campagnes. Il est un puissant vecteur de mobilité, de lien social, et même d'attractivité économique. Supprimer les petites lignes reviendrait à isoler toute une partie de la population et favoriser les déplacements en voiture[7] ».

5. Jean-Cyril Spinetta, « L'avenir du transport ferroviaire. Rapport au Premier ministre », *op. cit.*

6. *Ibid.*

7. Olivier Cognasse, « Taxirail, un train autonome et intelligent pour sauver les petites lignes », art. cité.

Les gares, lieu de la multi-modalité en combinant robotrains et robomobiles

3 000 gares[8] accueillent déjà, chaque jour, 10 millions de visiteurs, voyageurs ou clients des commerces. Il faut bien dire que le terme « gare » recouvre des réalités bien différentes :

– les grandes gares nationales qui accueillent de multiples transporteurs (internationaux, nationaux, régionaux…). Elles sont déjà des pôles multimodaux qui offrent un vaste éventail de services et de commerces ;

– les gares régionales qui accueillent des trains nationaux et régionaux, et bien souvent des bus ;

– des gares locales et même des haltes, pourvues d'un seul quai, un abri et un distributeur de billets.

Sur ces 3 000 gares, 90 % des gares n'accueillent que des services régionaux et sont donc financées à 100 % par les autorités organisatrices, bien souvent les régions. Quant à la gestion des bâtiments pour les voyageurs, elle est assurée par la filiale SNCF, Gares & Connexions. Les gares peuvent retrouver du trafic grâce au robotrain. Certaines lignes de robomobiles pourraient passer dans les villages à des horaires fixes et cadencés par rapport aux passages des robotrains, et TER pour les gares les plus importantes. Aux heures creuses, les robomobiles pourraient se transformer en robotaxis, c'est à dire en service de transport à la demande. La combinaison de robomobiles et de trains, quels qu'ils soient, permettrait d'offrir un vrai service de mobilité en zones rurale et périphérique des grandes villes. En plus, la flexibilité des robomobiles permettrait également un transport à la demande qui serait plus rémunérateur pour l'autorité organisatrice de mobilité. Et cette solution à la demande ne viendrait pas en concurrence d'une offre actuelle

8. Jean-Cyril Spinetta, « L'avenir du transport ferroviaire. Rapport au Premier ministre », *op. cit.*

de taxi qui n'existe pas. En plus, les Français sont déjà prêts à se rendre à leur gare, si une offre existe et si elle n'est pas distante de plus de seize minutes de leur domicile[9].

La présence nécessaire d'agents dans les transports publics

Avec les robomobiles et les robotrains, il faut affronter la question de la présence humaine. Clairement, avec ses moyens autonomes de transport, il n'y aura plus de chauffeur. Est-ce une régression sociale ? Aujourd'hui, de nombreux chauffeurs de bus font face à tout type de violences et de menaces. Le quotidien des chauffeurs de bus est devenu un enfer sur certaines lignes[10]. Les agressions sont souvent déclenchées pour des motifs futiles, mais elles peuvent tourner au drame, comme à Bayonne. En 2020, le chauffeur de bus Philippe Monguillot a été agressé à mort, par des individus qui avaient refusé de porter un masque, pour protéger les autres passagers du coronavirus, et de payer leur titre de transport[11]. Les chauffeurs sont responsables de la conduite de leur véhicule, pas de faire la police dans leur véhicule.

Il est donc absolument nécessaire de remettre une présence humaine, avec une police des transports, qui pourrait aller de robomobiles en robomobiles. Elle permettrait de pacifier les relations entre les passagers, aider les personnes en difficulté dans leur déplacement pour différentes raisons. En plus, toutes

9. « Enquête sur les mobilités du quotidien dans les régions françaises », art. cité.
10. Benoît Sarrade, Étienne Grelet, Anthony Metrot et Élodie Noiret, « Chauffeurs de bus : peur sur la ligne », BFMTV, 15 mars 2021 : www.bfmtv.com/replay-emissions/ligne-rouge/chauffeurs-de-bus-peur-sur-la-ligne-revoir-le-reportage-de-bfmtv_VN-202103150457.html
11. « Bayonne : le chauffeur de bus Philippe Monguillot est décédé », *La République des Pyrénées*, 10 juillet 2020 : www.larepubliquedespyrenees.fr/2020/07/10/le-chauffeur-de-bus-philippe-monguillot-est-decede,2716550.php

les robomobiles utilisées dans le cadre d'une délégation de transport public pourraient se voir équipées de plusieurs caméras intérieures, afin que les forces de l'ordre puissent accéder à des images, en cas de nécessité.

La robomobile et le robotrain, des solutions pour les ménages multi-motorisés

35 % des ménages, en France[12], sont multi-motorisés, et 60 % aux États-Unis. Le transport représente, au minimum, 10 % des revenus[13] des Européens. Pour les Français, ce sont pratiquement 12 % des revenus, soit environ 6 000 euros par an, qui passent pratiquement dans la voiture. Après le logement, l'automobile représente donc le deuxième poste de dépense des ménages… alors qu'une voiture est utilisée 10 % du temps. Utiliser la robomobile en partage avec d'autres utilisateurs permettrait de diminuer les coûts. Même la patrie de l'automobile en Europe, l'Allemagne, voit ses habitants prêts à renoncer à la propriété de la voiture. Selon un sondage réalisé par Bitkom, jusqu'à 61 % des Allemands déclarent pouvoir envisager de renoncer à leur voiture particulière, si un service de taxis autonomes rapidement disponibles était mis en place sur l'ensemble du territoire[14]. De toute façon, sans les robomobiles, l'industrie automobile bascule déjà de la propriété au service. Les locations avec option d'achat ont le vent en poupe

12. « L'industrie automobile française, analyse et statistiques », CCFA, 2016 : ccfa.fr/wp-content/uploads/2018/05/brochure-analyse-statistiques-edition-2016-fr.pdf

13. « Part du poste de transport dans la consommation des ménages en 2012 », Observatoire Cetelem, 2015.

14. « Umfrage zu Fahrdiensten mit Roboterautos : Das eigene Auto wird zum Auslaufmodell », *Automobilwoche*, 15 février 2017 : www.automobilwoche.de/article/20170215/AGENTURMELDUNGEN/302159916/das-eigene-auto-wird-zum-auslaufmodell

en France. Ces dernières années, le nombre de ces contrats a doublé pour représenter 1,5 fois le nombre de crédits pour financer l'achat de véhicules neufs[15] par les ménages… En France, la propriété de la voiture est désormais minoritaire, pour les nouvelles immatriculations par les ménages. Et ce phénomène de contrats de location avec option d'achat commence à s'étendre aux véhicules d'occasion avec presque 40 000 contrats signés, en 2020[16].

La robomobile sera utilisée vingt-quatre heures sur vingt-quatre et tous les jours, selon les besoins des individus. Elle sera proposée comme ligne régulière, à la place du bus. Elle sera électrique et elle réduira donc le bruit et les émissions de polluants. Enfin, elle sera moins chère puisque partagée et utilisée tout le temps. Pour les lignes de bus, cette navette autonome coûtera le prix d'un ticket ou de son abonnement mensuel de transports publics. Pour les robotaxis, selon le constructeur américain General Motors, le coût de la robomobile sera inférieur à 1 euro par kilomètre, pour les premières années. Dès 2025, ce coût[17] devrait baisser d'un tiers. Aux États-Unis, le coût du chauffeur pour un véhicule de tourisme atteint plus de 1,5 euro par kilomètre… Par conséquent, dans un avenir très proche, le robotaxi sera moins cher qu'un taxi ou VTC avec un chauffeur humain. Par conséquent, les Français paieront moins cher des services de mobilité autonome, soit de transport public, soit de transport privé plus flexible et de meilleure qualité (amplitude horaire et flexibilité) que les solutions actuelles.

15. « Crédit à la consommation, Statistique mensuelle d'activité », Association française des sociétés financières, 31 décembre 2020 : www.asf-france.com/statistiques/le-financement-de-lequipement-des-particuliers-par-les-etablissements-de-credit-specialise-en-2020/
16. *Ibid.*
17. « Changing the World with AV », General Motors, 30 novembre 2017 : www.gm.com/content/dam/gm/events/docs/5265893-685163-Chartset-11-30-2017

11
Permettre un futur apaisé aux villes

Plus de la moitié des humains vivent en ville. En Europe, la ville est, bien souvent, empreinte d'histoire, érigée au temps des Romains et du Moyen Âge. Ces centres historiques n'étaient en aucun cas préparés à accueillir des automobiles. Il a fallu créer des trottoirs pour que les piétons puissent circuler en toute sécurité, puis réglementer à la fois la circulation des automobiles, des piétons et de tous les moyens de locomotion. Par exemple, les feux tricolores permettent d'organiser les flux à la fois sur la chaussée et sur les trottoirs. L'automobile a donc structuré les villes, depuis la deuxième révolution industrielle. Plus les villes sont grandes et plus elles exacerbent tous les problèmes des citadins : pollution, bruit, congestion automobile, problèmes de parking, espaces verts limités, problèmes de sécurité, difficultés d'approvisionnement en eau, énergie et aliments. Une partie de ces problèmes sera résolue avec l'utilisation des robomobiles. Elle va permettre de repenser les espaces pour les véhicules et pour les piétons. Étant électriques, les émissions de polluants nocifs pour la santé humaine vont se réduire drastiquement.

Préparer les villes à accueillir la robomobile

Les formes des villes sont relativement peu nombreuses. Les deux principaux modèles sont, d'une part, le modèle concentrique, organisé autour d'un centre historique, de type plutôt européen, et, d'autre part, le modèle orthogonal en damier, de type plutôt américain[1]. Dans ce modèle américain, la place des piétons est absente dans la moitié des villes du pays. Les villes américaines ne sont pas Manhattan ou San Francisco ! Par conséquent, la robomobile s'insère plus facilement au sein des espaces urbains américains.

En outre, la moindre prévisibilité de l'être humain fait des piétons et des deux-roues des sources de danger, en particulier dans les villes européennes. Le rond-point de l'Arc de triomphe, autour duquel la circulation des voitures est très intense, représente un des cas les plus difficiles, pour les premiers modèles de robomobiles. Il faudra donc, dans un premier temps, permettre aux robomobiles de circuler dans la plupart des rues et interdire celles qui peuvent se révéler problématiques.

Il faut aussi que les villes adaptent leur signalisation aux robomobiles. Par exemple, la priorité à droite est inscrite au code de la route. La robomobile, arrivant à hauteur d'une priorité à droite, va ralentir afin de déterminer avec ses capteurs la présence ou non d'une voiture, puis s'arrêter si nécessaire. Il serait plus simple d'installer des panneaux « STOP » ou « Cédez le passage » à une des deux voies. La robomobile, sur la voie prioritaire, n'aurait plus à ralentir et celle qui serait sur la voie avec une signalisation marquée exécuterait les manœuvres en conséquence. Il y a de nombreux cas d'usage que je ne détaillerai pas ici. Cependant, sans engager des frais inconsidérés, il est possible pour les villes de rendre leurs infrastructures mieux adaptées à la robomobile. L'autorisation de l'utilisation des couloirs de bus, par exemple, permet la diminution des difficultés.

1. Anne Bretagnolle, François Delisle, *Formes de villes en Europe et aux États-Unis*, M@ppemonde, n° 97 : mappemonde-archive.mgm.fr/num25/lieux/lieux10101.html.

Dans l'avenir, les intelligences artificielles et les cartographies progresseront au fil du temps et intégreront la compréhension des comportements humains pour affronter les situations les plus complexes. Comme le jeune conducteur qui a besoin de développer ses réflexes et ses habitudes de conduite, les premières robomobiles apprendront des kilomètres parcourus pour faire évoluer leur intelligence artificielle et celle des générations successives.

Pour les rues à configuration complexe, la circulation automobile pourrait être limitée, les espaces piétons étendus, et l'utilisation de navettes sans chauffeur, complètement automatisées, de transport collectif de moins de vingt personnes généralisée. Ces navettes roulent à des vitesses plus faibles, par exemple 25 km/heure. Les habitants pourraient aussi trouver des moyens de déplacement unipersonnels avec des vitesses faibles, inférieures à 10 km/heure, selon les réglementations nationales. En plus, il sera nécessaire de créer des zones mixtes où des robomobiles déposeraient leurs passagers qui pourraient prendre d'autres moyens de transport public (métro, tramway...) ou des transports unipersonnels. Ces plateformes multimodales assureraient une mobilité au bénéfice de tous les habitants. Elles deviendraient des espaces de rencontre des populations grâce aux transports, aux commerces, aux espaces verts et rues piétonnes. Enfin, il est nécessaire d'anticiper dès maintenant l'arrivée de drones autonomes qui pourront assurer des services de protection civile, de transport de patients ayant besoin de soins urgents, de transport de personnes. Il sera nécessaire de créer des zones d'atterrissage de ces nouveaux engins dans les villes et aussi dans les territoires ruraux. D'ailleurs, ces territoires pourront ainsi être reliés plus rapidement à des centres hospitaliers qui devront être repensés en termes de flux car ils seront desservis par différents types de moyens de transport, terrestre et aérien, ce dernier étant en forte augmentation.

Repenser l'espace urbain à l'aune de la robomobile

Les villes sont le siège des marchés, des lieux de rencontres, de pouvoir, de culture et de science. Les villes sont dotées d'une personnalité impalpable, et pour Christian de Portzamparc, architecte français de renommée internationale, « les villes sont des êtres vivants[2] ». Seulement, d'une part ces êtres vivants consomment toujours plus de ressources pour fonctionner et de terres pour s'étendre ; d'autre part, les habitants ne sont guère satisfaits de leur vie à l'intérieur de ces zones urbaines, puisqu'ils trouvent désagréables, par ordre d'importance : la pollution automobile, les incivilités, la saleté, la circulation automobile et le bruit[3]. Ces désagréments sont en grande partie liés à l'automobile. Que va changer la robomobile ? Elle va réduire la circulation urbaine, en anticipant les embouteillages et s'adaptant à la vitesse du trafic. Elle va réduire les besoins de parking. Selon une étude de l'International Transportation Forum, en équipant Lisbonne, la capitale du Portugal, avec ses 3 millions d'habitants, à 100 % de robomobiles, il serait possible de réduire par quinze le nombre de voitures stationnées. Imaginez ainsi l'espace qui serait rendu à la ville et aux citadins. Comme ces véhicules sont électriques, une bonne partie du bruit et de la pollution sera par ailleurs supprimée.

En outre, la robomobile permettrait de redonner de l'espace pour d'autres utilisations. En moyenne, 10 % de la surface des villes en Europe sont consacrés aux parkings automobiles. Aux États-Unis[4], où la voiture permet de se rendre au pied de

2. Jean-Pierre Sueur, « Villes du futur, futur des villes. Rapport d'information du Sénat », 9 juin 2011.
3. Laurent Bertrandias et Franck Cazenave, « Le comportement des Français face aux pollutions urbaines », Megacities Institute, 5 avril 2018.
4. Les estimations fluctuent pour les États-Unis entre 500 millions de places de parking et 2 milliards. Dans le premier cas, l'équivalent de la superficie des États du Delaware et Rhode Island sont des parkings ; dans le deuxième, celle du Connecticut et du Vermont.

chaque activité, jusqu'à 30 % de l'espace urbain est dévoré par les parkings[5]. En récupérant des espaces de parking, grâce à la robomobile, de nouveaux espaces seront utilisés pour rendre la vie plus paisible et agréable aux citadins. Aussi, selon Christian de Portzamparc, « il faut profiter du gaspillage des terres qui a été fait par les mégapoles, essentiellement du fait de l'automobile, pour utiliser et planter les espaces encore disponibles au sein ou à proximité des bâtiments. C'est une bonne alternative pour l'habitat et un élément d'attractivité pour le choix des urbains dissuadés de s'installer en périurbain ». L'étalement urbain pourrait être réduit grâce au recouvrement des espaces de parkings qui ne seront plus utilisés.

En attendant le changement d'utilisation des places de parkings, plusieurs études démontrent que plus de 20 % de la consommation de carburants des automobiles est due à la recherche de stationnement. Il est nécessaire de fournir, en temps réel, la disponibilité des places de stationnement, pour aiguiller les conducteurs. De nombreuses villes se sont déjà équipées, comme Carpentras, Landerneau, Mandelieu, Nevers, Sancerre ou Soissons, pour réduire la fastidieuse recherche de places de stationnement. D'autres métropoles comme Montpellier et Toulouse ont équipé les places de stationnement pour les personnes à mobilité réduite de capteurs connectés. Une personne souffrant d'un handicap a besoin de se garer au plus près de sa destination. Dans ces métropoles, c'est le cas.

Transformer l'urbain pour renouer du lien social

Le développement de l'e-commerce a été accéléré par la crise sanitaire du coronavirus, au détriment des zones commerciales.

5. Michael Kimmelmann, « Paved, but still alive », *The New York Times*, 6 janvier 2016.

La prochaine décennie verra le déclin puis le reclassement de certaines zones commerciales peu attractives, en zones d'habitat avec des espaces verts et même des cultures agricoles urbaines.

En outre, les places de parking disponibles pourront aussi se transformer en nouveaux espaces de consommation grâce à des robomobiles dédiées au commerce. Le constructeur nippon Toyota a montré sa vision de ce type de nouveaux véhicules pour le commerce avec son concept e.Palette[6]. Ces robomobiles magasins pourraient offrir la possibilité d'essayer des produits d'une marque, de récupérer des chaussures imprimées en 3D, ou de manger dans un restaurant éphémère, par exemple. Grâce aux différents types de robomobiles, pour les déplacements ou le commerce, la ville gommera les aspects les plus désagréables vécus par les citadins et permettra de retisser le lien social entre les habitants avec plus d'espaces verts, de cultures agricoles et de zones piétonnes interdites aux robomobiles. Il faut se souvenir que selon Rousseau, dans *Du Contrat social*, « les maisons font la ville, mais les citoyens font la cité ». Dans le pays des seniors, au Japon, chaque année, plus de 30 000 Nippons de plus de 65 ans meurent littéralement de solitude et d'ennui[7]. Ce phénomène est tellement important qu'il porte un nom : *kodoku-shi*. La population mondiale vieillit et nous devons trouver les solutions pour créer du lien social dans les villes. Une des solutions consiste à redonner des espaces d'échange aux habitants d'une rue et d'un quartier, là où les citadins ont leurs habitudes.

---

6. Akio Toyoda, « Présentation Toyota CES Las Vegas 2018 », Toyota Motors Corporation, 8 janvier 2018 : www.youtube.com/watch ?v=qjXYYRNEZbQ
7. Christian Martini Grimaldi, « In Giappone è allarme per l'eccesso (e gli eccessi) di anziani alla guida », *La Repubblica*, 29 avril 2018.

Le prix de l'immobilier indexé sur la qualité de l'air

Les centres-villes vont donner plus de place à l'humain avec des modes de déplacement doux comme la marche à pied ou le vélo. Les robomobiles vont fluidifier le trafic. Dans les couloirs de bus, cohabiteront bus et navettes automatisées. Des places de parking pour les voitures privées seront supprimées pour permettre l'installation de zones vertes, arborées, dotées de bancs, des zones de rencontre pour les habitants, et même des jeux d'enfants. Plutôt que de concentrer les jeux pour les enfants dans quelques parcs, au pied des habitations se trouveront des espaces pour les enfants et les adultes. Les premiers feront des pâtés de sable tandis que les seconds joueront aux boules sur des terrains aménagés le long des routes où circuleront des robomobiles électriques, sans émissions de polluants.

Selon l'étude menée par l'association Megacities Institute, associée à la Toulouse Business School, près de neuf Français sur dix ont envie de devenir acteur de la lutte contre la pollution de l'air grâce à un meilleur accès aux mesures des différents polluants (70 %) qu'ils considèrent comme fiable (64 %). Avec cette volonté de connaissance des urbains et la future disponibilité des informations des niveaux de polluants à notre disposition, voudrons-nous exposer notre santé, celle de nos enfants et de nos proches, à des niveaux de pollution élevés ? Quand nous aurons le choix entre deux logements dont un avec un niveau de pollution élevé et l'autre bas, dans le même quartier, lequel choisirons-nous ?

En conclusion, les villes vont repenser l'espace public grâce à la robomobile. Les nuisances des urbains, liées à la voiture, vont disparaître comme les embouteillages et la recherche de places de stationnement. Les nuisances comme la pollution de l'air et le bruit diminueront grâce à cette mobilité électrique.

La robomobile s'intégrera dans une logique de transport en commun puisqu'elle sera partagée, propriété d'opérateurs plutôt que de personnes privées. En plus, les robomobiles redonnent de l'espace aux urbains, en réduisant le nombre de places de parking où dorment actuellement nos voitures. Cet espace libéré permettra la construction de nouveaux bâtiments ou espaces verts, comme des jardins ou des potagers urbains En même temps, la production d'énergie, source d'émission de CO_2, va diminuer grâce à de nouveaux modes de production décentralisés et directement installés dans les villes.

Transports aujourd'hui et demain à Orléans Métropole

La mobilité représente un enjeu essentiel tant en termes de proximité que d'attractivité. Cela se traduit par une double vocation: faciliter au quotidien les déplacements des habitants et améliorer la connexion du territoire aux autres réseaux. Pour rappel, en semaine, les habitants d'Orléans Métropole effectuent en moyenne 3,5 déplacements par jour, principalement pour des motifs liés aux achats, au travail ou aux loisirs. La très grande majorité de ces déplacements s'effectue au sein même de la métropole (plus de 90 % des déplacements en interne), le territoire est ainsi quasi autonome en termes de mobilité. Le mode de transport le plus utilisé reste la voiture, avec laquelle les habitants effectuent plus d'un déplacement sur deux. Néanmoins, ces dernières années, l'usage des modes alternatifs à la voiture individuelle s'est fortement développé: la fréquentation du réseau de transports collectifs a augmenté de 30 % avec l'arrivée de la seconde ligne de tram et la restructuration du réseau en 2012 puis 2015, le trafic vélo a augmenté de 20 % en cinq ans, la pratique de la marche à pied s'est également développée dans les secteurs les plus denses.

Et environ 20 % des ménages de la métropole ne possèdent pas de voiture. Ce qui pèche aujourd'hui est la gestion de l'intermodalité. À mon sens, passer d'un mode à un autre de manière fluide et optimale pour tous et en tout point du territoire, à moindre coût, nécessitera l'injection d'un système de véhicules autonomes avec comme ambition forte de développer une mobilité intégrée, multimodale et décarbonnée à grande échelle. On pourrait ainsi imaginer un réseau de navette en zone périurbaine en complément de lignes de bus entre un terminus tramway, un terminal de bus, voire d'une aire de covoiturage proche d'un échangeur autoroutier.

Mon rêve est que les parcs d'activités, nombreux sur la métropole, soient accessibles à tous en tout point du territoire grâce à la mise à disposition de voitures ou navettes autonomes en quantité suffisante, électriques et partagées. Enfin, le souci d'un élu étant de ne laisser personne au bord du chemin, je n'oublie pas qu'une des promesses de la robomobilité est de redonner accès à un transport individuel à tous ceux, nombreux, qui sont exclus de l'automobilité: les enfants, les malvoyants, les non-titulaires du permis de conduire, etc. Orléans est une métropole à taille humaine, adressant tous les défis de la mobilité, qu'elle soit urbaine, périurbaine ou rurale. Elle est donc pour moi le territoire idéal pour tester les enjeux de la robomobilité afin de contribuer à déployer un système complet de gestion sur route ouverte assurant la sécurité des passagers, la qualité du service et l'expérience usager.

Pascal Tebibel,
vice-président d'Orléans Métropole

Orléans Métropole:
chiffres clés

- 22 communes avec 276 000 habitants et 144 000 emplois
- 65 % des habitants et emplois situés au nord de la Loire
- 45 % environ des habitants et des emplois situés à Orléans, la ville centre
- Près d'un million de déplacements quotidiens effectués sur la métropole, tous modes de transport confondus.

12
Assurer un nouvel élan à la ruralité

La population française a doublé entre 1830 et aujourd'hui, et s'est urbanisée, passant de 10 % d'urbains en 1830 à 85 % aujourd'hui. Le monde rural s'est dépeuplé, signe d'un manque d'attractivité par rapport aux aires urbaines. L'industrie ne représente plus que 13,5 % du PIB français, soit dix points de moins qu'en 1980[1]. Dans cette baisse d'activité, les campagnes ont été particulièrement touchées. Quand une usine ferme dans un bourg où une ou deux usines emploient la plupart des habitants, un drame se noue pour les habitants, plus démunis que les urbains pour retrouver un emploi. Pour Pascal Depoorter, sociologue de l'université de Picardie Jules-Verne, « ce que l'on peut observer, ce sont des territoires qui meurent parce que l'emploi part, les usines partent, les jeunes se retrouvent donc obligés de partir. Cela conduit à la désertification rurale. On se retrouve avec des territoires où peu à peu les services publics disparaissent[2] ». C'est aussi parce que les autorités ont refusé de considérer la vocation résidentielle du milieu rural.

Comment reconnecter le monde rural avec les villes pour que des forces vives s'enracinent dans ces territoires ? Le déclin ne

1. « Tableaux de l'économie française », Insee, 27 février 2020 : www.insee.fr/fr/statistiques/4277864 ?sommaire=4318291
2. Anne Kanaan, « Entretien de Pascal Depoorter », *Courrier Picard*, 26 novembre 2017.

sera jamais une fatalité. Par le passé déjà, certains précurseurs ont affronté les défis qui s'imposaient à eux. Il est temps que d'autres esprits et volontés relèvent le gant, sans se laisser gagner par la résignation.

La ruralité en perpétuel renouvellement

En 1931, la moitié de la population française vit déjà en ville (soit une commune de plus de 2 000 habitants). En 1975, l'exode français est accompli et un nouveau phénomène va progressivement s'établir sur l'ensemble du territoire : la périurbanisation ou rurbanisation. Avec l'augmentation des prix de l'habitat, des ménages décident de s'installer au-delà des frontières de la ville et de sa banlieue. Des lotissements fleurissent au sein de communes rurales qui peuvent ainsi augmenter leur population, accueillir des enfants pour préserver leurs écoles et tenter d'endiguer la spirale infernale de la chute de la population de leur territoire. Les territoires ruraux doivent alors faire face aux demandes de ces populations urbaines qui s'installent sur leurs terres, en travaillant à la ville, et, en même temps, aux problèmes de leurs populations historiques.

Dans les années 1980, il faut alors inventer de nouvelles solutions et affronter cette multitude de problématiques. De nouvelles solidarités territoriales sont nécessaires pour dégager de nouvelles ressources financières et amener de nouveaux services en milieu rural. Pierre Guyard a été un des précurseurs français, en faisant de sa terre un lieu d'expérimentation de ces nouvelles solidarités. Ce jeune professeur de mathématiques d'un collège de Maignelay-Montigny, dans l'Oise, fils d'agriculteurs, a décidé de s'impliquer dans la vie locale. À 27 ans, il est devenu le maire de sa commune, Saint-Martin-aux-Bois. Il a été visionnaire en lançant une structure de regroupement volontaire de services de communes limitrophes, comme le ramassage et le traitement des ordures ménagères, l'organisation du ramassage scolaire et, plus largement, de l'instruction des enfants sur un territoire et le développement de services novateurs aux habitants. Avant même les lois de décentralisation, Pierre Guyard avait expérimenté des solutions de mutualisations volontaires au sein de territoires ruraux, avec le Syndicat d'études et de programmation, en 1982. Quelques années plus tard, il fonde la Communauté de communes du Plateau Picard, un des premiers exemples français, dont il assure la présidence. Des maires de la France entière se sont intéressés à ses idées et ses pratiques.

Pierre Guyard invente ensuite de nouvelles solutions au service de ses concitoyens. Par exemple, il a remarqué les besoins de mères au foyer de se libérer, occasionnellement, de la garde de leurs enfants pour se consacrer à des tâches administratives ou personnelles. Il crée alors le « bébé bus », une halte-garderie itinérante, qui chaque jour change de commune et donc d'emplacement, pour offrir à toutes les femmes une solution près de chez elle. Dès les années 1980, il observe également que le manque de mobilité est le principal facteur d'exclusion des demandeurs d'emploi, en particulier dans des zones privées de transports publics récurrents et nombreux. Cette vérité est toujours d'actualité. Il décide alors d'acheter des deux-roues Motobécane, fabriqués dans le département voisin de l'Aisne. Il confie ces moyens de déplacement, gratuitement, pendant plusieurs mois, aux demandeurs d'emploi puis aux travailleurs, le temps qu'ils puissent assumer, seuls, leurs propres mobilités ; enfin, et sans être exhaustif, il met en place la livraison de repas à domicile, en particulier pour les personnes âgées. Il souhaitait qu'elles puissent rester le plus longtemps à leur domicile, même si elles n'avaient plus la force de cuisiner par elle-même. Parfois, le contact humain du livreur pouvait être le seul lien des personnes âgées, de la journée... Ces initiatives perdurent toujours, et pas seulement au sein du Plateau Picard, partout en France et même bien au-delà des frontières de notre pays. Tous les bénéficiaires de ces services ne savent pas qu'ils ont germé de l'esprit d'un homme, enfant de la ruralité, inscrit dans son temps et acteur de son territoire.

Rapprocher la campagne de la ville

Grâce à la robomobile et au robotrain, les ruraux vont se rapprocher des urbains. Le temps de déplacement va diminuer dans les prochaines années grâce à une connaissance en temps réel de la situation du trafic routier ou aux dessertes des petites lignes par le robotrain. En outre, les limitations de vitesse vont devenir adaptatives selon la densité du trafic ou de la pollution, et les voitures, ou mieux, les robomobiles obtempéreront à celles-ci pour mieux fluidifier la circulation. Et surtout, la robomobile permet de regagner le temps de trajet en temps utile. Parcourir une heure en robomobile permettra d'utiliser une partie de ce temps pour des tâches autres que la conduite. Il sera possible de travailler, de s'informer, de s'instruire pendant son déplacement. Il sera moins confiscatoire comme il est vécu aujourd'hui par tous les conducteurs, enfermés dans leur véhicule, à voir s'égrener le temps dans d'interminables bouchons. En plus, comme je l'ai montré précédemment, la fiscalité incitera les usagers des robomobiles à covoiturer pour diminuer les coûts et partager les taxes de déplacement.

Habiter un village, non desservi par une gare, ne sera plus forcément vécu comme une exclusion. Il sera soit possible d'utiliser une robomobile sur l'intégralité de son trajet, soit les robomobiles pourront rabattre un flux nouveau de personnes vers des gares. En France, en 2016, 2 634 communes sont desservies par au moins un service ferroviaire, dont 90 % par un TER. Plus important encore, pratiquement 70 % des communes[3] de la France métropolitaine et 90 % de la population sont situées à moins de 10 kilomètres, à vol d'oiseau, d'une de ces 2 634 gares. Avec le déploiement des robotrains, il y a donc une opportunité de ramener des voyageurs vers le rail grâce à la robomobile… En plus, selon l'Autorité de régulation des activités ferroviaires et routières (Arafer), le taux d'occupation des TER atteint seulement 25 %, en 2016[4]. Le Transilien fait à peine mieux avec 28 %. Ce sont des liaisons du quotidien et des territoires locaux avec 80 % des distances parcourues par les TER inférieures à 100 kilomètres. La multimodalité ne sera plus vécue comme une punition mais comme une nouvelle expérience, fluide et taillée sur mesure, selon le besoin de chacun grâce aux indications portées sur le smartphone.

Enfin, la ville va se rendre à la campagne, au-delà d'Internet et des livraisons de produits trouvés sur les places de marché. Les Toyota e.Palette pourront se déplacer de village en village, comme les « bébé bus » imaginés par Pierre Guyard, pour permettre aux ruraux d'essayer des produits en bas de chez eux, comme les citadins. Des animations autour de ces robomobiles magasins pourront être organisées pour mettre de la vie dans les villages et réunir les habitants. En plus, en combinant plusieurs e.Palette en un seul endroit, les entreprises ou les collectivités pourraient rapidement créer un centre mobile pour des services allant des cliniques médicales au divertissement et aux festivals. Le lieu de vie serait moins discriminant sur l'accès aux soins médicaux ou à la culture !

3. « L'Arafer publie son 1er bilan du transport ferroviaire de voyageurs en France », Arafer, 16 novembre 2017, p. 11 : www.arafer.fr/actualites/larafer-publie-son-1er-bilan-du-transport-ferroviaire-de-voyageurs-en-france/ ?context=null
4. *Ibid.*, p. 16.

Diminuer les coûts de la mobilité pour les ménages ruraux

D'après l'Insee, la densité de Paris atteint plus de 21 000 habitants par km² alors que celle de la France se situe à 117 habitants par km². D'ailleurs, de nombreux départements sont en dessous de la moyenne nationale et le moins peuplé, en métropole, est la Lozère, avec 15 habitants au km². En Île-de-France, il est donc possible de concevoir des services, en particulier de mobilité, qui sont largement utilisés et subventionnés par les impôts des Franciliens. Moins de 30 % des coûts d'Île-de-France Mobilités proviennent du paiement par les usagers de leur titre de transport…

Il est impossible de mettre en place des transports publics fréquents et maillant le territoire, dans les départements faiblement peuplés, avec des lignes de bus actuelles. Seules les villes les plus importantes de ces départements peuvent soutenir le coût financier des dépenses liées aux transports collectifs. Par conséquent, ce sont les ménages qui doivent s'équiper de moyens privés pour assurer leur mobilité. À Paris, moins de 40 % des ménages possèdent au moins une voiture… alors que ce taux atteint plus de deux tiers des Franciliens[5]. En Lozère, le taux d'équipement des ménages se situe à 88 %. Il atteint même 91 % dans les Landes et la Vendée. En outre, il faut noter que 35 % des ménages de France métropolitaine possèdent au moins deux voitures ou plus et que cette part atteint des sommets avec 47 % dans l'Ain. Cette dépense est contrainte, car les ménages ne peuvent faire sans plusieurs voitures pour assurer leurs besoins de mobilité. Aujourd'hui, près de 80 % des kilomètres[6] parcourus par les Français le sont grâce à l'automobile. La robomobile peut changer la donne du coût supporté par les ménages, en passant de la

5. « Équipement automobile des ménages en 2014 », Insee, 29 juin 2017.
6. « L'Arafer publie son 1er bilan du transport ferroviaire de voyageurs en France », art. cité, p. 12.

propriété des ménages à la mutualisation des moyens de transport. Il faudra que autorités organisatrices de mobilité imaginent des solutions de financements adaptées. La diminution des coûts de la mobilité et le rapprochement des ruraux des villes grâce aux robomobiles et aux robotrains seront des progrès notables.

Sanctuariser la terre grâce aux robomobiles

L'Europe en général et la France en particulier bénéficient de terres arables de qualité et d'un climat propice à la culture, même si le réchauffement climatique risque d'impacter cet équilibre. Toutefois, avec plus de 2,5 millions d'hectares de terres cultivables qui ont été dévorées par la rurbanisation sur les dernières décennies en France, les villes trouvent leur approvisionnement en denrées toujours plus loin. La mondialisation a poussé son modèle à l'extrême en proposant, dans les supermarchés des plus petites villes françaises, des denrées ayant parcouru des milliers de kilomètres alors que presque tous les besoins pourraient être satisfaits avec des produits locaux.

Nous devons sanctuariser nos terres cultivables et ne plus accepter de les voir disparaître sous le béton ou l'asphalte, tandis que les parkings dévorent l'espace et les terres cultivables… En effet, pour le Grec Xénophon, « si vous voulez le pouvoir, vous n'avez qu'à cultiver la terre ». Cette philosophie redevient une vérité tangible. La technologie apporte de nouvelles solutions. Bien sûr, les robomobiles diminueront le besoin de parkings dans les surfaces commerciales comme dans l'espace public. Les consommateurs doivent réclamer des solutions respectueuses de l'environnement. Sinon, nous serons de plus en plus dépendants d'autres pays pour assurer nos besoins alimentaires alors que la France, et plus généralement l'Europe, disposent de tous les atouts pour assurer une autosuffisance à leurs populations et même des exportations.

L'autosuffisance rurale, réponse aux coûts de vie urbaine en progression

Le monde rural défend des valeurs différentes des villes et surtout demande moins de ressources financières pour vivre sur ses terres. Avec les nouvelles technologies, il devient possible d'habiter une maison autosuffisante à la campagne en production d'énergie. L'eau de pluie peut être valorisée pour une partie des usages domestiques et pour arroser son potager. Effectivement, il est pratiquement possible d'atteindre une autosuffisance alimentaire pour une famille à la campagne. Dans le futur, avec des robomobiles à disposition à la demande et des gares desservies par ces dernières, il serait possible d'être mobile sans dépenser 12 % de ses revenus dans la voiture, voire plus, comme montré précédemment... Enfin, avec Internet, il est de plus en plus possible de télétravailler et d'organiser une activité commerciale, fruit de son artisanat ou de ses créations. Il devient même possible d'accueillir les citadins, à la recherche de calme, loin de leur cité frénétique, à la campagne avec Airbnb ou d'autres plateformes et de retirer un revenu de cette activité. Les villages pourront retrouver des activités économiques de première nécessité, avec des magasins multiservices servant de dépôt de pain, d'épicerie, de relais de poste, etc. Les rideaux tirés des magasins, les boulangeries aussi bien approvisionnées que des magasins soviétiques à l'époque du rationnement ne seront plus que des images appartenant au passé désindustrialisé. Les campagnes seront reconquises tout en conservant leur essence.

Enfin, sans se transformer en agriculteur, de nombreuses familles seront attirées par une vie moins chère qu'à la ville, sans que celle-ci soit inaccessible en transport public. Les technologies offrent des opportunités nouvelles pour redynamiser les territoires ruraux, des villes éclatées, offrant toutes les possibilités à portée de robomobile... Toutefois, il faudra des moyens financiers car, avec une densité faible par rapport aux villes, il sera nécessaire de subventionner partiellement la mise en place de navettes autonomes et leur exploitation, comme c'est déjà le cas pour d'autres moyens de transport, en particulier le rail.

En conclusion, avec le déploiement de robomobiles, sous forme de navettes autonomes, un accès plus large aux services de tous types (culturels, sociaux, sportifs et administratifs) sera possible : soit dans les bourgs centres des territoires ruraux, soit dans les pôles urbains périphériques aux territoires ; soit avec le développement de services mobiles se déplaçant dans les villages. Cette nouvelle forme de déplacement contribuera ainsi au développement économique, social et culturel du milieu rural.

À cause du réchauffement climatique, dans quelques décennies, les terres les plus arables seront évidemment les plus prisées et il n'est pas certain que les centres-villes soient toujours les lieux les plus enviés par les classes dirigeantes. La deuxième révolution industrielle a occulté le rôle toujours central de la culture de la terre et de son écosystème pour les humains. Le XXIe siècle devrait réparer cette injustice, avec des technologies qui feront des ruraux des acteurs prisés de cette société contemporaine.

Les transports en milieu rural : le Plateau Picard (Oise)

La question des transports en milieu rural dépasse un simple problème de services aux habitants, même si la faible densité de population explique pour une large part le faible niveau de services de transports publics collectifs. Des faibles fréquences de dessertes, des amplitudes réduites et des offres limitées en destinations renforcent la faible utilisation des services existants qui sont ensuite réduits à nouveau. Un cercle vicieux s'établit, cumulant les incidences combinées d'un faible recours aux services existants et d'une réduction de l'offre de transports collectifs.

Au-delà de ce constat, la faible mobilité des habitants est plus généralement d'ordre culturel (moins de sorties pour des événements culturels, sportifs ou musicaux). Le manque d'habitude de déplacements a des conséquences sur l'ensemble des habitudes et des modes de vie des habitants. Les jeunes s'orientent souvent vers des formations professionnelles en fonction des facilités d'accès ne correspondant pas souvent à leurs ambitions et à leurs centres d'intérêt; les adultes accèdent à des possibilités d'emplois limitées. Une mobilité limitée contribue donc à un enfermement culturel, social et économique.

Le Plateau Picard : un territoire fragile, entouré de pôles urbains relativement éloignés

Le Plateau Picard, avec 35 000 habitants répartis sur 52 communes, est entouré de pôles urbains de taille moyenne, situées entre 30 et 50 kilomètres (Beauvais, Compiègne, Creil et Amiens). Les deux principales communes qui se situent ainsi par rapport aux quatre pôles urbains sont Saint-Just-en-Chaussée (6 013 habitants) et Maignelay-Montigny (2 700 habitants). Ce relatif éloignement de ces pôles urbains, avec un territoire en dehors de leurs zones d'influence directe, constitue à la fois un handicap (distances d'accès aux équipements et services présents sur ces pôles) et un atout, avec la faculté de se doter de ses propres organisations et services, tels qu'on les trouveraient dans une ville de 35 000 habitants.

L'accès aux équipements et services présents dans les principaux bourgs du territoire (Saint-Just-en-Chaussée et Maignelay-Montigny) est crucial pour les habitants des plus petites communes. Deux approches complémentaires sont envisageables:

– les services peuvent aller au-devant des usagers (services de soins et de portage de repas à domicile, aides ménagères, travaux divers, coiffeurs à domicile, organisation de soirées théâtres locales...);

– la collectivité développe des services de transport souples et bon marché facilitant l'accès des habitants aux bourgs centres. En plus, l'accès à la gare de Saint-Just-en-Chaussée est essentielle pour se rendre à Clermont, Creil, Amiens, Paris, et ensuite, partout en France, en Europe et dans le monde.

Le Plateau Picard a commencé par expérimenter entre 2012 et 2018 un service de transport à la demande, avec deux minibus permettant de se rendre à la gare de Saint-Just-en-Chaussée et aux services présents dans les principaux bourgs centres. Avec 5 500 voyageurs par an (100 par semaine), ce service générait un coût trop élevé pour le nombre d'utilisateurs.

Ensuite, en octobre 2018, une alternative au transport à la demande est mise en place avec un service d'auto-stop organisé, et deux fonctions: Rezo Pouce pour tous les habitants pour les déplacements de proximité; Rezo Seniors pour les personnes de plus de 60 ans souhaitant une réservation offrant une garantie de prise en charge.

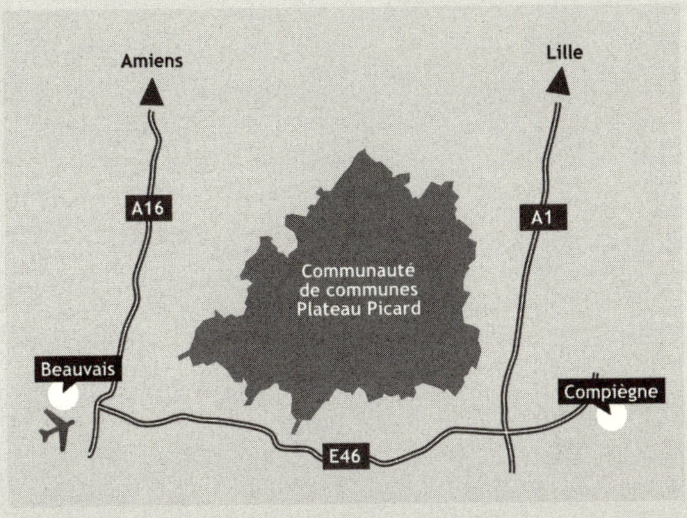

Avec seulement 200 adhérents, l'auto-stop organisé n'a pas rencontré le succès escompté, en raison des freins culturels, essentiellement de la part des voyageurs plus que des conducteurs.

En conclusion, la robomobile, avec des coûts soutenables et une qualité de service accrue, en fréquence et flexibilité, pourrait permettre l'accès à la gare de Saint-Just-en-Chaussée et aux services et équipements des bourgs. La réduction du nombre de véhicules individuels serait également possible.

Augustin Ferté, habitant du Plateau Picard,
ancien salarié de la Communauté de communes du Plateau Picard

13
Agir positivement sur la société

La robomobile, avec son cousin le robotrain, changeront la mobilité en général, les villes et la ruralité dans leurs spécificités. Elle contribuera diminuer la taille des parcs automobiles, augmenter le taux d'utilisation des voitures et donc à lutter contre le réchauffement climatique. De nombreux ménages pourront diminuer la part de leurs revenus consacrée à la mobilité. Mais les transformations entraînées par la robomobile ne s'arrêtent pas là : la sécurité routière, le maintien de la mobilité des plus de 60 ans et l'offre de transport pour les personnes souffrant d'un handicap seront impactés. Pour nous tous, la robomobile permettra une diminution du temps perdu dans la conduite et l'opportunité de dédier ce temps à d'autres activités. Enfin, la robomobile va bousculer les paradigmes anciens. À quel âge sera-t-il possible d'utiliser une robomobile pour un déplacement de point à point, comme un taxi ?

La robomobile chamboule les paradigmes anciens

James Graham Ballard décrivait déjà les paradigmes anciens et à venir à propos de la voiture. Ainsi, pour lui, « l'automobile telle que nous la connaissons approche de sa sortie. Je déplore grandement sa disparition car en tant que machine fondamentalement démodée, elle consacre une idée fondamentalement démodée : la liberté[1] ». Le permis de conduire et la voiture ont représenté la liberté. Depuis la fin de la Seconde Guerre mondiale, le taux de détention du permis de conduire a toujours augmenté, d'une génération à une autre, au XXe siècle. Combien de générations, dans de nombreux pays, ont entendu ; « Pour tes 18 ans, nous t'offrons le permis de conduire » ? Avec l'anticipation de J. G. Ballard, la robomobile va démoder la voiture que nous avons connue plus d'un siècle durant, son symbole de liberté et son rite de passage.

Tout d'abord, la robomobile ne sera plus une barrière pour personne. Que vous possédiez ou non un permis de conduire, il sera possible de l'utiliser. Aussi, il ne sera plus nécessaire d'avoir au moins 18 ans pour utiliser la robomobile, et la frontière entre l'âge adulte et l'enfance ne sera plus délimitée par la conduite. Il y aura des robomobiles utilisées comme navettes ou bus. Il y aura aussi des robotaxis, un service à la demande. La robomobile et sa déclinaison en robotaxi va questionner en profondeur notre société et les règles établies. Ainsi, à partir de quel âge sera-t-il possible de monter, seul, dans une robomobile ? Je me souviens qu'à partir du cours primaire, j'allais tout seul à l'école, distante d'un petit kilomètre de la maison familiale. J'avais donc reçu une autonomie certaine de la part de mes parents. Est-ce que cette autonomie va s'appliquer à la robomobile ? Allons-nous autoriser nos enfants, à 6, 8 ou 10 ans, à utiliser une robomobile pour se déplacer ? Devront-ils porter une montre connectée qui les identifie, les géolocalise et leur autorise l'utilisation ou le paiement du déplacement ? Est-ce que cette montre connectée possédera une liste de destinations préalablement enregistrées et autorisées par les parents ? Les adresses de l'école, de la maison familiale, de la nounou ou des grands-parents pourraient figurer dans cette

1. J. G. Ballard, cité par Robert Moor, « What Happens to American Myth When You Take the Driver Out of It ? », art. cité.

montre, en plus des destinations des services d'urgence comme la police, la gendarmerie ou les hôpitaux. L'enfant pourrait activer la destination vocalement, selon ses souhaits. Et puis, à partir de quel âge n'importe quelle destination serait autorisée ? Les enfants seront libérés bien plus rapidement de l'enfance que les générations précédentes. En revanche, des adultes pourraient se sentir infantilisés par la perte de contrôle de la conduite de la voiture. Car, selon J. G. Ballard, lorsqu'un être humain conduit une voiture, il goûte, instant après instant, à la liberté absolue d'intervenir dans l'événement le plus dramatique de sa propre vie, hormis la naissance : sa propre mort. Tout moment d'inattention peut en effet se révéler fatal…

Plus de sécurité sur les routes[2] !

Aujourd'hui, plus d'un milliard de voitures circulent sur la planète avec, d'une part, de nombreux morts et blessés sur les routes, et d'autre part, de nombreux individus qui restent privés de mobilité. Tout d'abord, selon l'ONU, 1,3 million de personnes meurent chaque année et de 20 à 50 millions sont blessées sur les routes dans le monde[3]. En Europe, plus de 25 000 morts[4] sont dénombrés sur les routes chaque année. Ces drames pourraient être évités. Entre la détection d'un obstacle par le cerveau humain et l'action sur la pédale de frein, il faut environ 1,5 seconde. Pour le même processus avec des capteurs, il faut 700 ms à la robomobile. Donc, actuellement,

2. Franck Cazenave, « La robomobile peut réécrire notre société », *RGRA*, nº 932, décembre 2015.
3. « Décennie d'action pour la sécurité routière, 2011-2020 », Nations unies, 2013 : www.un.org/fr/roadsafety/decade.shtml
4. « Annual Accidental Report », European Road Safety Observatory, 2018 : ec.europa.eu/transport/road_safety/sites/default/files/pdf/statistics/dacota/asr2018.pdf

la machine est environ deux fois plus rapide que l'être humain. Avec les progrès de l'électronique et les futurs réseaux de communication interne des voitures, la voiture sera au moins trois fois plus rapide que l'homme, au cours de la prochaine décennie. La machine est donc bien plus rapide que l'être humain… Dans quelques dizaines d'années, avec un très large déploiement, la robomobile fera disparaître les accidents de la circulation et donc la sinistralité. Par conséquent, en même temps que la robomobile rendra nos routes plus sûres, elle réduira les besoins de forces de secours (police, pompiers, hôpitaux…) puisque nous n'aurons plus 75 000 blessés en France, et 1,5 million en Europe, chaque année[5]. Enfin, cette baisse d'accidents impactera l'ensemble de la filière de réparation des voitures.

Un nouveau droit à la mobilité pour les personnes fragiles

La robomobile révolutionnera la mobilité en apportant deux contributions déterminantes pour la société, en plus de la sécurité routière : permettre la mobilité des plus de 60 ans et offrir une solution de transport pour les personnes souffrant d'un handicap. Ainsi, un enjeu de la robomobile est lié au vieillissement de la population.

Selon l'Organisation mondiale de la santé (OMS), le vieillissement de la population mondiale s'accélère, partout dans le monde. Aujourd'hui, pour la première fois dans l'histoire, la plupart des gens ont une espérance de vie supérieure à 60 ans. D'ici à 2050, on s'attend à ce que la population mondiale âgée de 60 ans et plus atteigne 2 milliards de personnes, contre 900 millions en 2015. Entre 2015 et 2050, la proportion des 60 ans et plus dans la population mondiale va presque doubler, passant de 12 % à 22 %. Aujourd'hui, il y a plus de personnes

5. *Ibid.*

âgées de 60 ans que d'enfants de moins de 5 ans[6]. L'OMS estime que les moyens de transport représentent un élément déterminant pour « vieillir en restant actif ». En plus, les Français veulent pouvoir vieillir à leur domicile, même lorsqu'ils deviennent dépendants des autres pour assurer leur quotidien[7]. La participation aux activités sociales et citoyennes ainsi que l'accès aux services de proximité et de santé dépendent de la possibilité de se déplacer dans son environnement, tant à la ville qu'à la campagne.

La proportion de conducteurs seniors français diminue rapidement avec l'âge : 40 % de 65 à 69 ans, 30 % de 70 à 74 ans, 25 % de 75 à 79 ans, et 16 % de 80 à 99 ans. Il faut souligner que cette diminution de l'utilisation de la voiture par les seniors n'est pas le fait de mesures contraignantes, comme en Italie qui soumet les plus de 50 ans à une visite médicale. Enfin, le Japon est à l'avant-garde du vieillissement de la population et de la conduite des anciens : 17 millions de conducteurs ont plus de 65 ans et presque 5 millions de conducteurs ont plus de 75 ans, un doublement depuis 2005[8]. Toutefois, il n'y a pas de visite médicale obligatoire comme en Italie… En 2017, 13,5 % des morts sur la route au Japon ont été victimes d'un conducteur de plus de 65 ans[9]. La situation est préoccupante au Japon et elle montre que nous devons collectivement penser à la fois à la mobilité des anciens, leur insertion sociale et la sécurité de tous les usagers de la route. D'autant plus qu'en 2050, un tiers de la population nippone serait âgé de plus de 65 ans…

---

6. « Vieillissement et santé », OMS, 5 février 2018 : www.who.int/fr/newsroom/fact-sheets/detail/ageing-and-health
7. « Les attentes des Français en matière de santé », Harris Interactive, 20 février 2017.
8. Mark Schreiber, « Hand over the keys : Getting Japan's ederly drivers off the road », *The Japan Times*, 26 novembre 2016.
9. Christian Martini Grimaldi, « In Giappone è allarme per l'eccesso (e gli eccessi) di anziani alla guida », art. cité.

De plus, la robomobile donnera de l'autonomie aux personnes à mobilité réduite, qui font partie des groupes les plus marginalisés dans le monde. Elles sont en moins bonne santé, ont des niveaux d'étude inférieurs, participent moins à la vie économique et subissent des taux de pauvreté plus élevés que l'ensemble de la population. Plus d'un milliard de personnes vivent avec une certaine forme de handicap sur la planète. Le taux d'emploi des hommes handicapés est de 53 %, contre 65 % chez les non-handicapés. Ce taux est de 20 % pour les femmes handicapées contre 30 % chez les non-handicapées (données de l'OMS). En France, sur 2 millions de personnes handicapées, plus d'une personne handicapée sur quatre était sans emploi. Avec la crise économique, le chômage atteint 21 % des demandeurs d'emploi handicapés, selon les données de l'Association de gestion du fonds pour l'insertion professionnelle des personnes handicapées (Agefiph). La mobilité des personnes handicapées et des plus de 60 ans constitue un enjeu à la fois sociétal et économique. La robomobile est la solution !

Un temps retrouvé pour tous, grâce à la robomobile

Les statistiques sont intraitables. Le Centre national d'information routière (CNIR) mesure les bouchons principalement sur le réseau national, le boulevard périphérique de Paris et quelques routes structurantes gérées par les collectivités territoriales. Les bouchons des rues intérieures des grandes villes ne sont pas comptabilisés[10]. Entre 2009 et 2019, les bouchons[11]

10. « Faits et chiffres 2020 », URF, novembre 2020 : www.unionroutiere.fr/faitetchiffre/faits-et-chiffres-2020/

11. L'unité de mesure est l'heure-kilomètre, ramenée au kilomètre de file de circulation (un ralentissement de 1 kilomètre pendant une heure sur l'une des deux chaussées d'une autoroute à 2 × 3 voies représente 3 heures-kilomètres).

ont plus que doublé en Île-de-France, et au niveau national, les bouchons[12] ont doublé. Chaque année, des milliards d'heures sont perdus par tous les Français !

Au-delà des bouchons, en France, en moyenne, les conducteurs passent 58 minutes dans leur voiture par jour[13]. La robomobile peut donc libérer en moyenne une heure du temps des Français et des Européens. La robomobile va bouleverser la vie des individus. Une heure de plus qui permettra à chacun de s'informer, de travailler, de consommer ou de se reposer. Il faut souligner que les déplacements pour se rendre sur le lieu de travail sont une cause de fatigue pour 15 % des actifs en emploi. L'utilisation de la robomobile pourrait ainsi redonner du temps utile et de qualité de vie à ses utilisateurs. Surtout, la robomobile permettra de « perdre » du temps pendant les déplacements. Ceux qui le voudront, pourront se laisser emporter par leurs pensées, par la beauté des paysages et des constructions humaines qui les entourent. Nous aurons tous accès à la mobilité, quels que soient notre âge, notre état physique ou nos compétences pour nous déplacer. C'est tout simplement un nouveau droit à la mobilité !

Maintenant, il reste à mettre en œuvre, durant les prochaines années, le déploiement des robomobiles et de son cousin, le robotrain.

12. Pour l'Île-de-France, il y avait 647 000 heures-kilomètres de bouchons en 2009, contre 1 648 000 en 2019. En France, ce sont 1 064 000 en 2009, contre 2 228 000 heures-kilomètres en 2019 ; cf. « Faits et chiffres 2020 », art. cité, p. 17.
13. « Le temps de déplacement entre travail et domicile », Dares, n° 81, novembre 2015.

14
Tracer la voie jusqu'en 2030

Atteindre les objectifs de réduction de CO_2 pour réduire les effets négatifs de l'Anthropocène n'est pas un sujet discutable. La santé et la qualité de vie de nos concitoyens devraient être la priorité des pouvoirs publics comme des entreprises et des associations. Toutefois, l'écologie ne peut seulement punir ceux qui n'ont pas les moyens de répondre aux nouveaux critères, édictés par l'Union européenne, l'État ou les villes. Il serait souhaitable que les ZFE ne se transforment pas en futures « zones à forte exclusion » !

En outre, il est nécessaire de créer une dynamique de déploiement des robomobiles. Les premiers territoires qui devraient bénéficier du déploiement de navettes autonomes sont les zones rurales et périurbaines. Je ne reviendrai pas sur les raisons exposées précédemment. Ensuite, les villes qui adoptent le 30 km/h devrait accompagner cette réduction de la vitesse par le déploiement de robomobiles, pour diminuer l'impact de cette mesure sur le réchauffement climatique. Les villes équipées de bus à haut niveau de service pourraient basculer rapidement vers les navettes autonomes.

Enfin, des territoires devraient servir d'exemple pour en inspirer d'autres. Il me semble donc absolument nécessaire de développer des territoires « pilotes », avec les élus et avec la consultation de la population et l'implication des jeunes du territoire pour qu'une dynamique locale se développe. Nous devons briser l'isolement de territoires entiers ; permettre la réduction de la multi-motorisation des ménages ; diminuer les coûts de la mobilité pour beaucoup de Français, plutôt que de la renchérir avec des véhicules décarbonnés, selon le seul modèle de propriété individuelle. Ce sont les défis que nous devons relever afin que l'automobile soit une solution de l'anthropocène et non son moteur.

Éviter que les ZFE deviennent de futures « zones à forte exclusion »

La directive européenne sur les ZFE est appliquée différemment selon les pays. Prenons le cas de notre voisin, l'Italie, dont le parc automobile et la population sont très proches de la France. L'Italie a introduit les ZFE depuis de nombreuses années et dans plus de villes qu'en France. Toutefois, les restrictions ne sont pas les mêmes.

Tout d'abord, les véhicules interdits à la circulation dans les ZFE italiennes sont les Euro 0 et 1 pour les véhicules essence alors qu'en France, Crit'air 3 concerne les véhicules Euro 2 et 3 (se référer à l'encadré sur les différentes vignettes Crit'air, au chapitre 8). La différence est énorme ! En ce qui concerne les motorisations diesel, il n'y a pas de différence entre la France et l'Italie puisque l'équivalent de Crit'air 3 est appliqué.

Ensuite, les autorités italiennes ont pris en considération des problématiques de revenus, de localisation, d'âge et d'utilisation. Selon les choix des villes, l'interdiction ne s'appliquera pas aux voitures avec des conducteurs de plus de 65 ans ; les véhicules utilisés par les personnes à mobilité réduite, bien souvent aux revenus inférieurs à la moyenne nationale, ne sont pas concernés ; les véhicules utilisés pour le transport des personnes qui se rendent dans les établissements de santé pour subir des examens médicaux, des thérapies et des analyses programmées en possession du certificat médical correspondant... Par exemple, pour la ville de Vicence, en Vénétie, il y a trente et une exemptions[1]. Dans certaines villes italiennes, les résidents peuvent continuer de circuler, quels que soient l'âge et la norme d'homologation du véhicule. Par conséquent, les maires des villes où les ZFE sont obligatoires peuvent adapter leurs choix, selon leur politique. Il est donc possible d'apporter de la flexibilité dans l'application des ZFE.

Enfin, Else Joseph, sénatrice des Ardennes, avec quarante-trois de ses collègues, a proposé un amendement[2] à la Loi climat et résilience qui permettrait aux automobilistes qui entretiennent correctement leur véhicule – sur le principe de l'éco-entretien et de l'analyse de cinq gaz, inscrits à l'article 65 de la loi de transition énergétique de 2015 (LTE) – de bénéficier d'une dérogation de circulation dans les zones à faibles émissions. Cette proposition n'a malheureusement pas été retenue... Pourtant, l'éco-entretien du parc roulant permettrait, annuellement, en France, de réduire les rejets de près d'un million de tonnes de CO_2. Pour rendre cette proposition acceptable par la majorité de la représentation nationale, il faudrait peut-être la limiter aux véhicules Crit'air 3 et 4. De cette manière, les véhicules les plus polluants seraient interdits dans les ZFE, et des véhicules récents, certains âgés de seulement onze ans, pourraient continuer de circuler librement, à condition d'un éco-entretien annuel. Toutes ces adaptations, sur le modèle de de l'Italie ou à l'instar de l'éco-entretien, permettraient une meilleure acceptation des familles françaises de l'instauration des

1. « Qui peut circuler ? » Città di Vicenza, 31 mars 2021 : https ://www.comune.vicenza.it/uffici/cms/nosmog.php
2. Jacques Rifflart, « Lettre ouverte aux sénateurs. ZFE : appel à la raison et au bon sens des territoires », association Éco Entretien, 14 juin 2021 : www.ecoentretien.eu/wp-content/uploads/2021 juin 20210614-Lettre-ouverte-aux-sénateurs-ZFE.pdf

ZFE, et une moindre augmentation de la valeur des véhicules d'occasion éligibles…

Développer les transports publics quand la limitation de vitesse est de 30 km/h en ville

De plus en plus de villes annoncent la réduction de la vitesse, en centre-ville, de 50 à 30 km/h. Souvent, les maires souhaitent prendre cette décision pour réduire les émissions de gaz à effet de serre. Pourtant, des études montrent que cette réduction de la vitesse est contreproductive. Ainsi, le Centre d'études et d'expertise sur les risques, l'environnement, la mobilité et l'aménagement (Cerema), qui est un établissement public, a publié une étude sur les émissions routières de polluants atmosphériques. Selon ces experts, le premier facteur d'influence sur les taux de gaz à effet de serre (GES) et polluants atmosphériques est la vitesse. Pour un véhicule[3] particulier, les émissions de polluants et de GES sont « minimales pour des vitesses proches de 70 km/h ». La courbe caractéristique « en U » des émissions en fonction de la vitesse montre par ailleurs qu'en 2020, le maximum des émissions, égal jusqu'au double de la valeur minimale, se situe à 130 km/h, et que les émissions à de faibles vitesses (10 à 20 km/h) équivalent peu ou prou à celles produites à grande vitesse (100 à 110 km/h)[4]. Sur les faibles vitesses, les experts du Cerema affirment que « pour un véhicule léger dont le trajet (urbain) à 30 km/h de moyenne serait

3. En se basant sur la modélisation des rejets de polluants atmosphériques émis par un véhicule en fonction de sa vitesse, le Cerema a actualisé les éléments concernant les émissions de dioxyde d'azote (NOx), de particules fines (PM10) et de CO_2e (équivalent CO_2 des gaz à effet de serre : CO_2, CH_4 et N^2O), sur la base de la méthodologie européenne Copert version 5.

4. « Émissions routières des polluants atmosphériques : Courbes et facteurs d'influence »,Cerema,17août2021 :www.cerema.fr/fr/actualites/emissions-routieres-polluants-atmospheriques-courbes

effectué en majorité avec un moteur "à froid", les surémissions correspondantes par rapport aux émissions avec un moteur "chaud" (température stabilisée après un certain temps de roulage) représentent un quart de celles-ci pour le CO_2 (et une surconsommation de carburant équivalente)[5] ». En conséquence, limiter la vitesse à 30 km/h conduit à augmenter de manière significative les émissions de gaz à effet de serre, par rapport à 50 km/h. La réduction de la vitesse de 50 à 30 km/h contribue ainsi à renforcer l'Anthropocène. Il serait opportun que les communes qui souhaitent passer à une vitesse maximale de 30 km/h développent les transports publics grâce aux robomobiles. Les navettes autonomes savent déjà transporter des personnes de manière sûre à cette vitesse réduite. Cette obligation démultiplierait le nombre de robomobiles déployées sur le territoire d'ici 2030. Elle permettrait également de donner confiance aux pouvoirs publics et à tous les usagers de la route sur les performances des robomobiles. En plus, certains automobilistes préféreraient prendre un service de navette autonome plutôt que de conduire leur voiture, à moteur thermique, à une vitesse réduite et nocive pour l'environnement.

Remplacer les bus à haut niveau de service par des navettes autonomes

Depuis de nombreuses années, des villes privilégient pour les bus un itinéraire partiellement ou intégralement en sites propres, c'est-à-dire une voie ou un espace réservé, de telle manière que le bus dispose de sa propre voie. Cette solution permet de garantir une priorité sur le trafic automobile, ainsi qu'un gain de temps. Les villes de Lille, Dijon, Metz, Grenoble, Amiens et bientôt Bordeaux ont déployé une offre de bus à

5. *Ibid.*

haut niveau de service grâce aux sites propres, car le coût est moins élevé qu'une ligne de tramway tout en assurant une fréquence élevée de passage ainsi que le temps de parcours.

Ces sites propres sont donc idéaux pour remplacer progressivement les bus par des navettes autonomes. La fréquence pourrait être plus intense et la plage horaire étendue, en particulier pour offrir des solutions de mobilité aux personnes avec des horaires décalés. Il y a donc une opportunité d'introduire dans de grandes villes françaises des robomobiles dès 2022 ! Des constructeurs automobiles entrevoient déjà cette possibilité. Le PDG de Volkswagen, premier groupe automobile européen, affirme qu'« en 2030, 85 % de notre business, c'est la voiture, la voiture individuelle, de propriété privé ou partagée. Environ 15 % devraient être des navettes, un service de mobilité[6] ». La route est tracée, il s'agit maintenant de la réaliser.

Accroître l'attractivité des autoroutes

Parmi les voies où les nouveaux services de mobilité devraient se déployer, il y a l'autoroute. Sa configuration est idéale : terre-plein central pour différencier les voies de circulation, aucune intersection, sorties organisées avec des voies dédiées, pas de véhicules lents et au comportement imprévisible : piéton, trottinettes et vélos.

L'Union européenne compte actuellement environ 78 600 kilomètres d'autoroutes répertoriées comme telles par les États. Les poids lourds utilisent largement cette infrastructure, avec 76 % des kilomètres parcourus sur des autoroutes concédées

6. Christoph Steitz, Jan Schwartz, « Volkswagen CEO : smart cars, not e-cars are gamechanger », Reuters, 5 septembre 2021 : www.reuters.com/business/autos-transportation/vw-ceo-says-smart-cars-not-e-cars-are-gamechanger-2021-09-05/

ou non, en France[7]. La circulation sur route nationale représente 14 %. Il y a certainement des kilomètres roulés par les poids lourds qui pourraient basculer des nationales vers les autoroutes. Pour les voitures, uniquement 34 % de la circulation s'effectue sur les autoroutes concédées ou non. Par conséquent, l'autorisation des robomobiles sur autoroutes permettrait d'augmenter l'attractivité de ces infrastructures.

Transformer les villes touristiques

Chaque année, de nombreuses villes doublent, triplent ou décuplent leur population, le temps d'un été ou d'un hiver. À Cabourg, on passe de 3 500 à 40 000 habitants[8] et dans plusieurs villes du Var ou des Alpes-Maritimes, la population est multipliée par cinq, dix et même vingt-cinq[9] ! Les infrastructures supportent mal un tel afflux de population…

Avec la robomobile, il est temps de réfléchir à organiser différemment l'accès au centre-ville des communes les plus touristiques. À la périphérie, il serait nécessaire de développer des parkings relais, afin de permettre le stationnement des véhicules. Ensuite, un service de navettes autonomes permettrait de relier ces parkings au centre-ville qui pourrait être réservé aux piétons et vélos.

---

7. « Faits et chiffres 2020 », URF, novembre 2020 : www.unionroutiere.fr/faitetchiffre/faits-et-chiffres-2020/
8. Manon Loubet, « En été, ces villes de Normandie multiplient leur population par dix : comment s'organisent-elles ? », *Actu14*, 8 août 2017 : actu.fr/normandie/cabourg_14117/ete-villes-normandie-multiplient-population-par-dix-comment-organisent-elles_11464735.html
9. Alexandre Plumey, « Ces onze villes du Var et des Alpes-Maritimes qui multiplient leur population par cinq, dix ou vingt-cinq durant la haute saison », *Nice Matin*, 3 août 2019 : www.nicematin.com/vie-locale/ces-11-villes-du-var-et-des-alpes-maritimes-qui-multiplient-leur-population-par-cinq-dix-ou-vingt-cinq-durant-la-haute-saison-402098

Le ministère de la Cohésion des territoires, ou bien des régions, et même les deux ensemble, pourraient lancer un concours ouvert aux villes touristiques qui souhaiteraient se transformer. Les meilleurs projets seraient sélectionnés par un vote, pour partie, de professionnels, et pour l'autre part, du public. Dès lors, des financements seraient débloqués pour réaliser les projets retenus.

Préparer la filière de l'automobile et de l'industrie des transports

L'accompagnement à la transformation des territoires est essentiel. Toutefois, il doit aussi s'étendre à l'ensemble de la filière automobile. Les constructeurs ont entamé le virage de l'électromobilité, sous la pression réglementaire des institutions européennes, nationales et territoriales. Presque en même temps, afin de maîtriser les technologies de la robomobile (système d'exploitation et cerveau artificiel), les constructeurs doivent investir massivement. Dans un objectif de souveraineté nationale et européenne, les pouvoirs publics doivent soutenir réglementairement et financièrement leurs champions. D'ailleurs, les équipementiers, sans exhaustivité, comme Bosch, Continental, ZF, pour les allemands, Faurecia et Valeo, pour les français, sont des acteurs de la robomobile. Au-delà de l'automobile, tous les acteurs de l'aérien, du ferroviaire et du naval ont besoin de travailler à l'autonomie des moyens de transport qu'ils produisent. Nous verrons émerger des acteurs européens qui maîtriseront l'intelligence et la cybersécurité de plusieurs et même de tous les moyens de transport.

Enfin, la transformation de l'automobile touchera tous les acteurs du service. Avec l'électromobilité, les garages vont perdre du volume d'opérations de maintenance. À terme, les changements de filtres à air ou à huile et toutes les pièces mécaniques d'usure sur les moteurs thermiques ne seront plus nécessaires avec les véhicules électriques. En 2030, la filière sera déjà en tension avec une partie du parc qui aura migré vers des modèles 100 % électriques. La décennie suivante sera particulièrement douloureuse avec de nombreuses fermetures de garages, si collectivement nous n'aidons pas les hommes et les femmes de cette filière à trouver de nouveaux débouchés. Le développement du vélo, en particulier du vélo à assistance électrique, est une opportunité. L'émergence de navettes autonomes et de robotrains en est une autre. En tout cas, les efforts de formations initiales et au cours de la vie professionnelle devront mettre l'accent sur l'électronique, l'électrique et le logiciel. C'est un changement de paradigme pour les établissements de formation, les formateurs et les formés.

Conclusion

Cette décennie verra l'automobile, et tous les transports, basculer dans le XXIe siècle, en utilisant tous les potentiels de l'informatique, de l'intelligence artificielle, d'Internet et de la propulsion électrique. En 2030, en France et en Europe, la transformation de la mobilité sera largement entamée, grâce à l'émergence de transports autonomes, en particulier les robomobiles, mais pas seulement. Le rail retrouvera de l'attractivité, en particulier pour les déplacements locaux et régionaux. Ces nouvelles solutions de mobilité impacteront les territoires et la lutte contre l'Anthropocène.

Tous ces moyens de transport autonomes permettront de transformer la mobilité. Le modèle de possession individuel des automobiles se réduira et sera compensé par une offre accrue en transports publics. La robomobile, avec ses déclinaisons en navettes ou bus, sera le chaînon manquant des transports publics. Le robotrain trouvera également sa place dans l'organisation des transports. Les villes deviendront plus apaisées avec plus de mobilité pour tous et moins de pollution, la ruralité trouvera un nouveau souffle, les communes rurales seront mieux connectées aux centres bourgs et aux gares ; enfin, l'interconnexion des moyens de transport sera plus fluide et permettra de rendre viable l'exploitation de « petites lignes », avec les robotrains. Dès lors, les ménages multi-motorisés pourront abandonner au moins un véhicule particulier et de nouvelles marges de manœuvre dans les budgets seront possibles grâce à cette réduction de la multi-motorisation et à la maîtrise des coûts, d'une part, de l'électricité par rapport aux fluctuations du pétrole et, d'autre part, de l'abonnement mensuel aux transports publics.

Au niveau du développement durable, grâce à l'électrification des transports, la pollution locale diminuera. De plus, avec le développement de la robomobile dans les transports publics, le parc automobile amorcera une décrue et le taux d'utilisation des véhicules augmentera légèrement. En outre, il sera nécessaire de décarboner l'économie en l'accompagnant d'une acceptation sociale. La réduction de la multi-motorisation des ménages et l'accès à plus de transports publics seront un premier pas. Il sera également nécessaire d'accompagner toutes les PME qui auront perdu de l'activité économique par cette transformation. Tous les garages automobiles ne pourront pas subsister avec des transports complètement électrifiés. Ainsi, les moteurs thermiques nécessitent beaucoup plus d'entretien que les moteurs électriques. Certains pourront se recycler avec l'augmentation des déplacements en vélo. D'autres pourront travailler à l'entretien des robomobiles et robotrains des transports publics. Il y aura donc la nécessité d'offrir des perspectives, puis des opportunités à tous.

En un peu moins d'une décennie, il faudra accompagner ces changements qui pourraient paraître brutaux pour certains, surtout pour les plus fragiles. Si nous laissions au bord du chemin de nombreux Français, alors, comme nous le rappelle l'écrivain et penseur italien Antonio Gramsci, « la crise surgit quand le vieux monde se meurt, le nouveau monde tarde à apparaître et dans ce clair-obscur surgissent les monstres[1] ». Le déploiement de la robomobile permettrait au nouveau monde d'éclore. Tout retard aurait de graves conséquences car tous les ménages français ne peuvent, par la propriété individuelle, arriver à financer la transformation énergétique des voitures.

1. Traduction française des *Cahiers de prison* parue aux éditions Gallimard, 1983.

Conclusion générale

Tous les moyens de transport, aérien, ferroviaire, naval et routier basculent dans le XXIe siècle, en utilisant tous les potentiels de l'informatique, de l'intelligence artificielle, d'Internet et de la propulsion électrique, sur batteries ou hydrogène. D'ici 2030, de nombreux moyens de transport auront été rendus autonomes. La mobilité des individus et le transport de marchandises auront donc entamé une profonde transformation.

La seule question à laquelle la France, chaque État européen et l'Union européenne doivent répondre est la suivante : les citoyens du vieux continent seront-ils souverains technologiquement ?

Il y a deux domaines clés de la robotisation des moyens de transport : le cerveau électronique et le système d'exploitation, pourvu d'intelligence artificielle. En ce qui concerne le cerveau électronique et les semi-conducteurs dont il est pourvu, la présidente de la Commission européenne, Ursula von der Leyen, a affirmé lors de son discours sur l'état de l'Union : « Nous devons redoubler d'efforts pour façonner notre transformation numérique selon nos propres règles et valeurs. Je prendrai, si vous le voulez bien, l'exemple des semi-conducteurs [...]. Sans puces, pas de numérique [...]. Alors que la demande mondiale a explosé, la part de l'Europe dans toute la chaîne de valeur, de la conception à la capacité de fabrication, a diminué. Nous sommes dépendants des microprocesseurs les plus avancés fabriqués en Asie. Il ne s'agit donc pas seulement de notre compétitivité. L'enjeu est aussi notre souveraineté technologique[1]. » La prise de conscience semble réelle, même si elle est tardive. Rien que pour construire les usines qui fourniraient les semi-conducteurs pour répondre aux besoins des Européens, plusieurs dizaines de milliards d'euros (probablement au-delà de 100 milliards d'euros) seront nécessaires. Il faudrait aussi s'assurer que les technologies et usines soient européennes, plutôt que des entreprises étrangères s'implantent en Europe et captent les revenus…

Le chemin sera long et une décennie nécessaire pour recouvrir une souveraineté européenne. Toutefois, en ce qui concerne l'intelligence artificielle, aucune vision, aucun plan n'ont été proposés par la présidente de la Commission européenne, alors qu'il y a urgence ! Les Européens utilisent quotidiennement des smartphones et tablettes qui fonctionnent avec des systèmes d'exploitation non européens. Pire, les données des Européens nourrissent les algorithmes d'intelligence artificielle de ces entreprises, pour en retour, les améliorer.

Avant la révolution du smartphone, les entreprises de l'Union européenne constituaient les leaders du marché du téléphone mobile, avec Nokia en tête, mais aussi Ericsson ou Siemens. La transformation de toute l'industrie des transports suit la même trajectoire que celle du téléphone mobile. Si nos entreprises et nations ne maîtrisent pas les systèmes d'exploitation artificiels des robomobiles et autres moyens de transport, ce sont tous les fleurons français et européens qui se trouveraient en difficulté comme ceux, avant eux, de la téléphonie mobile. Moins pire, ils pourraient se transformer en assembleurs de technologies qu'ils ne maîtriseraient pas… En tout cas, ce serait la fin de la souveraineté technologique de la France et des pays européens.

---

1. « Discours sur l'état de l'Union de la présidente von der Leyen », Commission européenne, 15 septembre 2021 : ec.europa.eu/commission/presscorner/detail/fr/SPEECH_21_4701

À titre personnel, je souhaite que l'ouvrage que vous venez de lire vous aura convaincu de l'émergence inexorable de la robomobile, comme de tous les moyens de transport autonomes. Au niveau technologique, cette révolution permet surtout l'émergence de cerveaux électroniques et de systèmes d'exploitation artificiels.

D'ailleurs, les applications civiles ne sont pas les seules concernées. Le domaine militaire se nourrira également de ces technologies. La souveraineté militaire de la France dépendra donc directement de la maîtrise de ces technologies. À cet égard, la rupture[2] du « contrat du siècle » de fourniture de sous-marins par la France à l'Australie démontre que notre pays doit d'abord compter sur ses propres forces. Le Royaume-Uni, déjà auteur du Brexit, et les États-Unis ont clairement montré que la France ne faisait pas partie du « dernier » cercle. Notre pays est seul face à son destin.

Des alliances peuvent être nouées avec d'autres nations européennes, impliquées dans les transports et le militaire : par exemple l'Allemagne et l'Italie, qui sont les autres puissances de la zone euro. L'Union européenne peut jouer un rôle d'accélérateur, de fédérateur et de financier. Au niveau de la France, nous devons collectivement engager au moins, 20 milliards d'euros d'ici 2030, pour développer les systèmes d'exploitation artificiels de tous les moyens de transport. Cet effort est encore à la portée de notre pays et de nos entreprises. Nous devrions traiter les systèmes d'exploitation artificiels comme un programme militaire, pour articuler ensemble le soutien public et les développement privés. La souveraineté de la France en dépend ! Des milliers de scientifiques devront être mobilisés. Notre pays possède toujours parmi les meilleures formations

2. Marie-Pauline Desset, « L'Australie torpille le "contrat du siècle" pour la livraison de sous-marins français », *Le Monde*, 16 septembre 2021 : www.lemonde.fr/economie/article/2021/09/16/l-australie-torpille-le-contrat-du-siecle-pour-la-livraison-de-sous-marins-francais_6094902_3234.html

au monde d'ingénieurs et de mathématiciens. Nous pouvons donc collectivement atteindre notre but : d'une part, fournir la souveraineté numérique à la France et ses entreprises dans un monde dominé par le numérique ; d'autre part, développer de nouvelles mobilités pour répondre au enjeux sociaux et de développement durable.

Avec le numérique, nous sommes entrés dans une ère nouvelle, l'ère de l'hyper-compétitivité. Seules quelques nations seront souveraines dans le numérique. Les autres seront vassalisées. Il nous reste collectivement à choisir le chemin que nous voulons parcourir… « Ce n'est pas le chemin qui est difficile, c'est le difficile qui est le chemin », selon Soren Kierkegaard.

Remerciements

Tout d'abord, je tiens à remercier Mathieu Flonneau, directeur de la collection « Culture mobile ». Sa sollicitation à publier mon ouvrage au sein de Descartes et Cie m'a permis de connaître Minako et Marc Guillaume. Cette rencontre a été décisive dans mon projet car j'ai trouvé des éditeurs intéressés par l'objet du manuscrit et par leur accompagnement pour en faire un meilleur ouvrage.

Ensuite, je tiens à exprimer ma gratitude envers Michel Vilatte, acteur du monde automobile, avec différentes casquettes. Michel a été présent dès mon premier projet d'écriture, en 2014, et il continue, par nos échanges, à nourrir mes réflexions.

En outre, les relecteurs des premières versions du manuscrit jouent un rôle essentiel pour aller plus loin dans l'expression de ma pensée et sa fluidité. Je veux remercier mon épouse, Bénédicte, la première d'entre eux. Étienne et Gaël ont également permis à cet ouvrage de se bonifier.

Enfin, cet essai a été accueilli avec bienveillance par Régis Audugé, Didier Leduc et Alain Bessin. Leur soutien a permis à cet ouvrage de rayonner auprès de nombreux acteurs de l'industrie et des services automobiles. Je les remercie pour leur confiance.

Aussi, Anne Copey et Angelika Oleksiak m'ont prodigué de judicieux conseils dans l'accompagnement de la parution du présent ouvrage. Je leur adresse toute ma gratitude.

CET OUVRAGE A ÉTÉ ACHEVÉ
D'IMPRIMER POUR LE COMPTE
DES ÉDITIONS DESCARTES & CIE
PAR PULSIO EN NOVEMBRE 2021
DÉPÔT LÉGAL : JANVIER 2022
NUMÉRO D'ÉDITION : 247

Distribution DILISCO, Diffusion AFPU-D